# 薛瑞萍班级日志

## 五（2）班的语文故事 下

薛瑞萍 著

江西教育出版社
JIANGXI EDUCATION PUBLISHING HOUSE
·南昌·

图书在版编目（C I P）数据

五（2）班的语文故事 . 下 / 薛瑞萍著 . -- 南昌 :
江西教育出版社 , 2020.11
（薛瑞萍班级日志）
ISBN 978-7-5705-2007-7

Ⅰ . ①五… Ⅱ . ①薛… Ⅲ . ①小学语文课—教学研究
Ⅳ . ① G623.202

中国版本图书馆 CIP 数据核字 (2020) 第 159640 号

五（2）班的语文故事（下）
WU（2）BAN DE YUWEN GUSHI（XIA）
薛瑞萍　著

江西教育出版社出版
（南昌市抚河北路 291 号　　邮编：330008）
各地新华书店经销
江西千叶彩印有限公司印刷
开本 880 毫米 ×1230 毫米　　1/32　　印张 7　　字数 122 千字
2020 年 11 月第 1 版　　2020 年 11 月第 1 次印刷
ISBN　978-7-5705-2007-7
定价：36.00 元

赣教版图书如有印装质量问题，请向我社调换　电话：0791-86710427
投稿邮箱：JXJYCBS@163.com　　电话：0791-86705643
网址：http://www.jxeph.com

赣版权登字 -02-2020-383

# 序言

*Preface*

# 只是陪伴

## 一

1979年10月，赵化玉老师引导同学们写日记。那年我14岁，正读初二。14岁，初二，才开始学写日记！那是怎样一个散漫而魔幻的年代！

倏忽41年过去。敝帚自珍的20多本自说自话也好，教育论坛上的教学叙事也好，喜马拉雅App上的“看云读书”系列讲述也好……都是日记，是寻常岁月在文字和声音里留下的印记。源头，都在教我语文的赵老师那里！

对我来说，日记是生活记录，也是生活本身。记录带来反思。反思与不反思的日子，怎么可能一样？

## 二

从教37年，服务7届孩子。

1984年8月入职，我接手的是三年级。2020年10月退休，我告别的是五年级。中间五轮大循环，“心平气和”的这一届是第四轮。其时正值“新课标”勃兴，其时恰逢“信息时代”到来。那些年头的老师，真是既淳朴又浪漫，既飞扬又踏实——

读帖、跟帖、争论、交流……“论坛时代”少有图片，更鲜见视频，大家展示或比拼的就是文字，是文字叙述的实践与思想。诚实的书写总能获得热忱鼓励，让发帖人欲罢不能。

就这样一路行一路写，从“兴致勃勃”到“栀子花开”，实实在在！始于2004年8月30日、结在2010年6月13日的六部“流水账”，是孩子的成长记录、教师的心路历程，也是一个时代的产物和证明。

此情可待成追忆，只是当时已惘然。

倏忽10多年过去，学校及整个教育环境发生了巨大变化。然而同行以及家长，依然记得这套班级日志。大家的记得，也许是对一个时代、一种情怀、一种教育生态的想念吧。

## 三

再版之际，需要强调的是三点反省。

反省之一：关于写话和日记。

一个突出的过失，就是鼓励进而要求一年级孩子写话。名为“自愿”，然而一年级的家长和孩子哪里禁得起老师，尤其是看云老师的鼓励和刺激！后来我才知道，为了写出得到表扬的那几句，孩子一家往往需要忙到很晚。原本这些时间应该是孩子用来运动、玩耍、阅读和睡觉的。如果老师真的“心平气和”，就该懂得等待，等“时候到了”再让孩子写。那么孩子会少累很多，而且事半功倍。

之后的两届，看云给学生和自己减负，二年级开始写日记，一周一篇，及时点评。事实证明效果更好。《写作课》就是这种反思与实践的记录。

反省之二：关于阅读。

一年级每天背诵两首儿歌，二年级鼓励孩子读整本字书——这就让阅读罩上了求多、求快、求深、求早的“火烧云”。无视“此一阶段”孩子的感觉和需要，减损了儿童阅读应有的从容与舒适。

具体到“儿童经典诵读”，当年的我还是过于强调背诵了。这是对“显性成果”的偏执，应当检讨。当我批评“诗词大会”沦落为“背诵大会”“记忆大赛”的时候，我常常想起自己班上的“赛诗会”。一位女生曾因此紧张到肚子痛。

反省之三：关于考试。

连续贴出的“单元测验情况”说明什么？说明我还是把分数看得太重。这不是基础教育工作者应有的心态。之后两届，看云不再为了分数跟自己及孩子过不去，也不再盯住弱孩子帮扶到底。

终于明白：不管你教得如何努力，也有孩子就是考不及格，且这些孩子有权过“不及格的幸福生活”。也就是说，看云无权要求孩子、家长和自己一起“为了及格而奋斗”。奋斗的结果是：那个家庭终于不能承受“师恩的压力”，让孩子转学走了。

几年之后，当孩子母亲告知原委时，我才明白：教师要自觉限制自己的行为，包括以爱为名的过度期待、过度帮助、过度打扰。否则，教师就是在制造教学污染，令人避之不及。

## 四

连续性是第一重要的教育原则，也是看云著述的特点。日记嘛！

同是教育叙事，对比《给我一个班，我就心满意足了》和《心平气和的一年级》，同是毕业致辞，对比《投我的影子在你们的卷上》和《世界上最重要的事情》，从浪漫到质朴的一路，流转的是岁月，也是心境。

经典诵读是一种生活方式，也是一种教育理念。在我这里，作为班级实践的儿童经典诵读开始于“心满意足”那一届，具体地说，是开始于 1998 年 9 月。

那一届的一年级，我们人手一本《365 夜儿歌》；那一届的二年级，我们人手一本注音版《365 夜日记》。到了六年级，我们诵《爱莲说》《新月集》，读《铁道游击队》《红日》《我们仨》《汤姆叔叔的小屋》《苏菲的世界》《小王子》……。

将班会和家长会开成读书会；就阅读给家长写信，也是从那一届开始的。

“心满意足”的那一届，我还在“成绩报告册”里私自添加了“阅读”一科。一至六年级，每个孩子的“阅读课”成绩都是具体而实在的，打分依据是各人的诵读状态及读书分享表现。目的就是用分数促使孩子及家长重视阅读，爱上阅读。

“无限信仰书籍的力量！”

苏霍姆林斯基的信念也是我的信念。

## 五

“班级阅读课程化”是书香班级的硬核所在，课程化的内容和节奏，只能在连续真实的摸索与实践中得以产生和确定。

当《教六年级的日子》在栀子花香中结束，“我们班的阅读课程”也如一条道路在眼前延展。那就是：

1. 向家长募集资金，建立班级书库，保证孩子每天能够借阅一本图书。

2. 一周一个故事，固定时间讲述，讲述内容主要来自班级图书。

3. 以《日有所诵》为材料，日有所诵。

4. 以吟诵的方式学习古诗，一周一首，形成韵律。

“除了吟诵，前三项我几乎都在做。薛老师，原来我也在做阅读！

“刚上课的时候，教室不是有点乱吗？我就让学生读书给我听。低年级读儿歌，中高年级读诗。就一两分钟，很提神，很聚气。我喜欢用小故事创设情境，然后他们自由作画。我还鼓励学生从图画书里找灵感。他们画的时候，我就看书。每个班都有书柜，都有看不完的好书！”8月21日上午，隔壁值班的美术老师说。

是啊，是啊。如呼吸，如饮食；如水渗地，如风入林。我的同事们，不分学科、自然而然——都在做阅读。

## 六

说说占用思品课的事。

16年前，2004年9月，校长巡课时就注意到看云课堂的不一样。她既好奇应该紧张的语文课何以可以听音乐，也诧异于思品课何以能够听歌、读书、写作业。前者太过奢侈，后者明显违规。

说服校长的，不是“课改”“整合”以及“完整的教育”“完整的人”这类说辞，而是日子一天天过去，一（2）班呈现的秩序井然的状态。

文明沉静，知书达理。

书香班级是非少，书香家庭幸福多。

这是我的信念，也是我对孩子及其父母的期待。

37 年，我和搭档没有碰到特别难沟通的家长；37 年，校长们——算起来共有 7 任，没有遭遇过来自我班家长的困扰。这是我的福气，也是历任校长对我特别包容的原因。

占用思品课不是一件理直气壮的事情，需要先完成思品课教学任务，需要有“做完整教育”的事实，更需要相对宽松的环境、相对包容的领导。年轻的同行啊，不要被我误导了。

语文课时向来紧张。不要贪多，不要急躁。首先要踏踏实实完成教学任务，其余能做多少做多少。

阅读固然重要，更重要的是我们师生的健康和舒心。

## 七

关于诵读、吟诵、讲述，都有完整连续的课堂记录出版。这里特别想说的是“班级图书”，这一块儿太重要了！

班级图书对于班上的孩子而言，是草原之于羊儿，河流之于鱼儿。我确信：优质且适宜的班级图书，是集体生活清洁而丰沛的水源。我欣见：课堂不爱发言的孩子们，课间围绕一本好书，说得热火朝天！

而我自己，归根到底，就是在自由阅读、自主探索中走过来的呀。

“心平气和”之后的两届，家长中颇有热爱儿童阅读、熟悉儿童文学的。于是图书选购日益成为“家委会阿姨”的事情，于是承载了爸爸妈妈童年回忆的《大闹天宫》《黑猫警长》《雪孩子》得以进入班级，成为亲子共读的温馨材料；于是老师把《鸡毛信》《雁翎队》《三国演义》带进教室，使得连环画成为孩子们私下交流的“硬通货”。

于是呢，在临近退休的日子里，在2020年这个特殊的夏天，承蒙合肥市62中年轻同行的信任——修订版的班级日志就有了分年级、分学期的班级书单。

要计成本，要兼顾中外，我们的书单一直在更新。定格在这里的，是一个参考与回顾。非常局限，非常个人。然而对于一个孩子来说，数量与深度持续累进的这么多书，就相当于一道瀑流、一条路，可以取一瓢饮，也可以凭借阅读所得线索，走向书店、书城、公共阅览室——走向自我教育的彼岸。

不少中国原创的“老书”已经绝版，这是一件非常令人痛惜的事情！特意录在这里，是纪念，也是期待。

有些书广为人知或一搜便知，有些书年轻人鲜少听闻或几乎淡忘。这是书单信息详略不同的原因。特意标明出版和制作单位的只有经典动画和连环画，是为了表达一份个人的感情。

致敬《连环画报》、上海人民美术出版社、上海美术电影制片厂。它们以良心创作滋养了包括看云在内的几代人，我们不应该忘记。

## 八

关于世界儿童文学，请尽量购买保留原著插图的版本，这才是严格意义上的正版。

比如《小王子》《西顿野生动物故事集》《杜立德医生的故事》《天使雕像》，作者本人亲笔描绘的插图，是作者在文字之外，为读者开启的一扇心门！

比如《时代广场的蟋蟀》《塔克的郊外》《夏洛的网》《精灵鼠小弟》，盖斯·威廉姆斯和E.B.怀特的插图，是故事不可分割的部分。仿佛骨中之骨，肉中之肉。

还有英格丽·凡·奈曼所作《长袜子皮皮》的插图，笔触之温软与纯净，背景之明澈与空灵，几乎可以在阅读之前，先触动我们的心！还有灰谷健次郎的《兔之眼》，最令本班孩子难忘的，是那些充满力量的插图。至于E.L.柯尼斯伯格的《小巫婆求仙记》——“不看图，你绝对想不到，她是一个黑人小女孩！”

如何习得鉴别插图真伪的眼力呢？彭懿老师的《世界儿童文学：阅读与经典》是可靠的教材。我以为，《世界儿童文学：阅读与经典》《世界图画书：阅读与经典》兼具学术性、思想性、艺术性，是小学语文教师之必读书。

## 九

“干净”是我对写作的追求，然而“干净”似乎是没有止境的。所以要修订，要删冗。编辑用心做出索引的这一版，定能为你节省时间，带来方便。

至于说到这一套日志的意义，那就是——

陪伴。只是陪伴。

父母也好，教师也好，比起2004年，挑战更多，压力更大。

挑战更多、压力更大的何止教师和父母呢？对于中国来说，“三千年未有之巨变”一直就没有停歇过，所以我们一直在探索和适应中。然而总有一些东西是必须坚守的，那就是——

对儿童的忠诚，对真教育的追求。

忠诚服务儿童，努力实践真教育的同道啊，愿你足下的道路，长远而坚实。

感恩你的开卷！

祝福你和你的孩子！

薛瑞萍

2020年8月23日

## 我的私学

《孔子的故事》，作者林汉达。

上周四，教师从一群应招者中挑出四名。“下周一，你们只需朗读指定段落。从今晚起，一晚一遍朗读全文。因为通读、通晓才能保证指定段落的朗读声声入耳、句句在心。”

一共八个段落。语言质朴，行文流畅。于质朴流畅的叙述中，有含蓄深挚的情感脉脉涌动。这种风格，正与孔子相配。

孔丘，字仲尼，从前人们一直尊称他为孔子。他是春秋时鲁国人。三岁上死了父亲，母亲就带着他搬到曲阜去住，靠自己的一双手来抚养孔子。

孔子十七岁那一年，鲁国的大夫请客招待读书人，孔子想趁机会露露面，也去了，却被赶了出来：“我们请的都是知名人士，你来干什么？”受了这番刺激，他格外刻苦用功，要做个有学问、有道德修养的人。

孔子快到30岁的时候，名声大起来了。有些人愿意拜他做老师。他就办了一个书院，招收学生。贵族学生、平民学生他都收。过去只有给贵族念书的“官学”，孔子办了“私学”，以后贵族独占的文化教育也可以传给一般的人了。

孙琪先读得极好！王同学却有些疙瘩，于是郭乐读“请教老子”，张悦媛读“痛哭子产”。“追求理想”“一心编书”“郁郁死去”——最后三段简洁凝重，孙、郭、张依次读完。如我所愿，今天的朗读，每段都是声声入耳、句句在心。

“虽然朗读任务派给了四名同学，可我相信，可我相信——自己在家朗读全文的好孩子，一定会有的！是谁？请举手！”

五六个孩子举手。“选择喜欢的段落读给大家听。”教师对胡婧怡说。

……孔子一一领受了。他回到鲁国对他的门生说：“鸟，我知道它会飞；鱼，我知道它会游；走兽，我知道它会跑。可是，会跑的可以用网去捉，会游的可以用钩子去钓，会飞的可以用箭去射。至于龙，我就不知道它怎么风里来、云里去，怎么样上天。我见了老子，没法捉摸他，他大概就像一条龙吧。”

“喜欢这一段，因为语言特别美。”女孩儿轻轻说。于是齐读第三段。然后呢，然后就这么边读边议，散散漫漫地交流、讨论。其间教师讲了若干《论语》故事、历史典故。话题多是现场生成的：

1.孔子办“私学”的好处是什么？

2.孔子办学收不收费？该不该收费？一捆束脩有损孔子的伟大吗？

3.教师待遇和文化发展的关系是什么？

4.为什么说挨骂最多的子路是孔子最喜爱的学生？

5.为什么说子产“天道远、人道近”的思想在当时很了不起？

6.一生不能得志，孔子的人生是成功的还是失败的？

临了照例要问：“为什么要读《孔子的故事》？”

学生回答大致如下：

告诉我们当一个好老师很辛苦。告诉我们，为了发展文化教育，老师应当过体面富足的生活。让我们对孔子有了解。知道了孔子是一个谦虚、勤奋、有志气的人。孔子从小没有父亲，是个苦孩子，孔子靠奋斗成了千古圣人，这就告诉我们：奋斗可以改变命运。我们要学习孔子的精神，哪怕几乎饿死、被人打死，也决不放弃理想。

这样的讨论，当然不是每个孩子都有能力、有兴趣积极参与的。“哦呵呵！”有两个家伙闷倦至极，张开大嘴打起了哈欠。

“他们为什么打哈欠？”教师问。

“他们觉得没有意思。”“他们听不进去！”“他们读不动！”

“这说明什么？”教师大声说，“这说明，这恰恰说明，我们需要朗读《孔子的故事》！我们必须在课堂上朗读《孔子的故事》！否则，这些同学可能一辈子都不会完整听人讲孔子的故事！否则，我们就只能看进轻松好玩的文字，却错过了挑战静气与能力、培养静气和能力的好文章。不仅如此，我们还需要在课堂之外读他——林、汉、达！”

下课铃响了，教师转身板书“林汉达”：“读三遍！”

“请记住这个名字，请读他的书。关于中国历史故事，这是老师知道的最好的编写者！”

> 过去只有给贵族念书的“官学”，孔子办了“私学”，以后贵族独占的文化教育也可以传给一般的人了。

私学的意义何止于此！文化的生命在于交流，在于更新。如果教学相长是真理，那么，那些平民子弟必定在接受孔子教育的同时对老师发生影响——弥漫着年轻气息与草根味道的清新活泼的影响。所以，私学之“私”，在于它的有教无类，更在于它是孔子传播政治思想的地方，是孔子和学生教学相长的地方。否则，冲撞最多的子路何以是老师最爱的弟子？否则，作为巨商和外交家的子贡何以要在尽孝三年同学散去之后，又为老师守墓三年？对于这些意气风发的才俊来说，孔子是老师，更是朋友、知音。对于这些重情重义的学生来说，生死睽隔，也不能阻隔他们和老师之间的神交！

有学问，有道德；办私学，传播理想，这也许是为人师者的最高境界，这也许是孔子对后代同行的永恒默示！

作为一名普通的小学教师，我的私学在哪里？就在这样的朗读课堂上，就在这样的阅读指引里。

薛瑞萍

2020 年 8 月 23 日

# 目录 Contents

## 2月 / 走进三味书屋



## 3月 / 泥土培养泥土

## 4月 / 为什么我们需要乐善好施

## 5月 熟粽叶的色香



## 6月 知新而温故

## 7月 / 迟发的信



## 附　录

# 2月 February 走进三味书屋

2009年2月9日 / 星期一 晴

## 意思的诗：《春光染绿我们双脚》

初读。“你最大的发现是什么？”教师问。

“第一小节和第八小节相似，除了‘向荒山野岭进军’和‘走遍青山碧岭’，其他三行完全一样。”

踏一路春风，
撒一路欢笑，
向荒山野岭进军，
春光染绿我们双脚。

踏一路春风，
撒一路欢笑，
走遍青山碧岭，
春光染绿我们双脚。

齐读首尾两节。“这样写有什么作用？”

“前后呼应。”

“对比‘荒山野岭’和‘青山碧岭’，除了呼应还有什么作用？”

“对比、变化，还有提升。”

“变化的原因是什么？”

“少先队员植树。”

“从哪一节看出来的？找到没有？齐读！”

锹镐叮叮当当，
奏响了植树的歌谣；
溪水哗哗流淌，
滋润着棵棵树苗。

“呵呵，此时此刻，春光明媚！如果可以选择，你们是愿意在教室里上课呢，还是愿意到野地里种树？”

“种树！”

“可惜我们不能够！可惜我们没机会！老师以为，包种包活地培植几棵树，比读多少篇植树造林的文章都更能让人珍惜绿色。关于环保，我们缺乏的不是诵读，不是阅读；不是宣传，不是知识；而是对地球母亲深刻而真挚的感情，以及克制欲望从我做起的意志。每天提篮买菜，要费多大劲呢？可是就是很少有人做到！少先队员植树造林——想象一下咯！想象你们在春天的阳光下、细雨中种树的高兴劲儿，再读！”

…………

“经过我们的劳动，荒山野岭发生了巨大变化。看看，具体描写变化的是哪几节？”

“三至七小节。”

学生朗读三至七小节。

“再看，这五个小节，分别从几方面写植树带来的变化？”

“植被、动物、河流。”

“读第一方面的变化。”

> 我们走到哪里，
> 哪里便披上绿袍，
> 千年裸露的山岩，
> 结束了烈日的煎熬。

寂寞多年的荒山，

如今已枝繁叶茂，

当风儿吹过的时候，

便涌起阵阵林涛。

“‘寂寞’是什么意思？荒山为什么寂寞？”

“没有茂密的植被，自然就没有各种各样的动物来生活。千年裸露的岩石，没有生命的气息，所以荒山很寂寞。”

“而今山岭枝繁叶茂，而今风过阵阵林涛！而今的山岭不再寂寞！先有植被郁郁葱葱，后有动物安居乐业。这是怎样一幅生机蓬勃的景象啊！读——”

小鸟抖动彩翼，

来这里搭窝建巢；

松鼠有了美丽的家园，

快活得叽叽直叫。

撑起绿色的大伞，

小兔再也不怕天上的老雕；

在茂密的树丛中，

小猴开心得又蹦又跳。

“水乃生命之源。‘溪水哗哗流淌，滋润着棵棵树苗。’

没有清水的浇灌，树苗难以成活。1987 年，工厂整体从霍山搬迁进城。22 年了，从城市到郊区，在合肥我就再没看见过一条清澈的水流！我的小学生活是充满了爬山采花果、下河捉鱼虾的快乐的，对比你们，我感到庆幸。肮脏的江河湖泊是什么？那是母亲悲伤的眼睛，那是地球被污染的血液。环境的污染其实就是人心的污染。人心清洁的时候，河海就清洁了。什么时候地面上的江河湖泊都清澈了，什么时候我们才算赎清了罪孽。这一切，都要靠我们每个人力所能及地从点滴小事做起。我不知道那一天是否能来，且让我们怀着憧憬。读——”

山下的河水不再浑浊咆哮，
荡漾的碧波轻抚着河畔的小草。
待到金色的秋天，
我们把丰收的果园拥抱。

从头到尾再读一遍，这就算串讲过了。串讲之后，回头再读：以讲带读，以讲促读；有分号的二、五、六小节还要 A、B 分角对读。无他，目的就是帮助学生快速牢固地记忆课文。

这中间教师还讲了自己的小故事：因为小区没有实行垃圾分类，就将家中的废旧电池攒起来，让儿子带到南开大学丢到该丢的地方。

课文——押韵的口号，我不想称其为诗。即便是诗，这也是卢安克在《与孩子的天性合作》里所说的“意思的诗”——讲道理的诗。卢安克以为“意思的诗”是不值得朗读的。可是他所教的英语教材里几乎都是意思的诗。于是卢安克就带学生反复朗读“气氛的诗”，哪怕孩子暂时不懂。

既然这是一首“意思的诗”，教学让孩子明白意思就行了。

更正前面的话。其实，诵读和阅读也能培养孩子对于自然的感情，从而让孩子由这份感情生长出保护环境的决心和意志。但那必须是由内心深处涌流出来的：气氛的诗，真挚的诗，自然的诗，悦耳的诗。如果教学那种诗，我会和孩子分享内心的感受，我会为孩子诵读深爱的诗句。叹赏复叹赏，回味又回味。

气氛的诗，并非都是深奥的。比如在华德福幼儿园，在“吸气时间”，孩子们模仿着老师的语调和姿势，没有记忆的压力，每天诵着——

我像一棵老橡树高高地站立，

我伸展开去触摸星星。

我想拥抱这个世界，

我们是一家人。

你好，早晨。

你好，早晨。

为金色的谷类，树上的苹果；

为金色的奶油，茶中的蜂蜜；

为水果、坚果和鲜花，生长不息；

为鸟儿、兽们和鲜花，我们每天感激。

（说明：周子善、谢旭东转学，转来新生王勇魁）

2月10日 / 星期二 晴

## 名望之累：《只拣儿童多处行》

第一课时，自读之后，逐段讲读。

> 从香山归来，路过颐和园，看见成千盈百的孩子，闹嚷嚷地从颐和园门内挤了出来，就像一只大魔术匣子里，飞涌出一群接着一群的小天使。

颐和园像魔术匣，孩子像小天使，这样的比喻，平常正如“月牙像小船，苹果像笑脸”。

五年级学生，尤其是诵过许多诗文，读过许多童书的五年级学生，如果是眼高手低的家伙，会怎么看待他们崇拜的负有盛名的冰心奶奶？

> 这情景实在有趣！我想起两句诗：“儿童不解春何在，只拣游人多处行。”反过来也可以说：“游人不解春何在，只拣儿童多处行。”我们笑着下了车，迎着儿童的涌流，挤进颐和园去。

这种“实在有趣”的感觉无疑是真诚的。冰心奶奶真的老咯！也只有老到如此地步，才会如此喋喋不休，如此真心诚意地喜欢闹腾的孩子。

真正处在精神生命旺盛期的人，往往对孩子从严要求，甚至不屑掩饰对孩子的头疼。这种严格，包含了对孩子的尊重与厚望，也是自身力量的证明。傅雷对儿子管束甚严，德拉克洛瓦直言厌恶儿童。鲁迅喜欢海婴过了头，则是因为先生老来得子，失了平常心。

“没有花朵不美丽，没有儿童不可爱。”这话简直是对儿童无原则的取媚与讨好。谁能这样站着说话不腰疼？只有教师以外的人，才能如此事不关己地大唱高调。当然，世上还有比这更为隆盛的赞美，比如明天我们将要诵读的《孩童之道》。然而，诗歌和断语在人心引起的反应，是永不能相提并论的。

我们本想在知春亭畔喝茶，哪知道知春亭畔已是座无隙地！女孩子、男孩子，戴着红领巾的，把外衣脱下搭在肩上拿在手里的，东一堆，西一堆，叽叽呱呱地，也不知说些什么，笑些什么，个个鼻尖上闪着汗珠，小小的身躯上喷发着太阳的香气息。也有些孩子，大概是跑累了，背倚着树根坐在小山坡上，聚精会神地看小人书。湖面无数坐满儿童的小船，在波浪上荡漾，一面一面鲜红的队旗，在东风里哗哗地响着。

“女孩子、男孩子，戴着红领巾的，把外衣脱下搭在肩上拿在手里的，东一堆，西一堆，叽叽呱呱地，也不知说些什么，笑些什么。”我问教六年级的李君华：“如果你班上的尖子生在日记里写了这样的文字，你会怎么评说？”

“啰唆！没话找话！”

“同意。这里的细致和全面，其实就是琐屑，是复印式的扫描和罗列。一段不如一段，看看，机械得连比喻都没有了！”

沿着湖边的白石栏杆向玉澜堂走，在转弯的地方，总和一群一群的孩子撞个满怀，他们匆匆地说了声“对不起”，又匆匆地往前跑。知春亭和园门口大概是他们集合的地方，太阳已经偏西，是他们归去的时候了。

园门口闹闹嚷嚷，知春亭座无隙地，转弯处不断碰撞——挤进公园门，逃离知春亭，被撞转弯处。事不过三，老奶奶所遇儿童的多和闹已经得到充分表现。

海棠终于出现。第五段，是全文唯一描写自然之春的地方，所谓惊鸿一瞥啊，连着后面的赞叹，教师亲自朗读——

走进玉澜堂的院落里，眼睛突然一亮，那几棵大海棠树，开满了密密层层的淡红的花，这繁花从树枝开到树梢，不留一点空隙，阳光下就像几座喷花的飞泉……

春光，竟会这样地饱满，这样地烂漫！它把一冬天蕴藏的精神、力量，都尽情地释放出来了！

教师的朗读，是安静的朗读。所谓安静的朗读，就是在句子之间多一些停顿，从而让声音沉下去，让灵光一现的春色在学生心里沉下去。

“我们在花下大声赞叹，引得一群刚要出门的孩子又围聚过来了。”自然之春，又被孩童淹没。因为冰心的春天就是孩子。关于花的对话：“就是开得旺”；关于花的联想：“花儿和儿童一样”——拖拖拉拉的七、八两段，无力无味，不忍再录。

朋友，春天在哪里？当你春游的时候，记住“只拣儿童多处行”，是永远不会找不到春天的！

结构封闭地呼应前文和再次点题，好板好僵固！

“薛啊，怎么我上这一课一点劲都没有呢？学生也是，读起来软塌塌的，有气无力，没来由地心累。”五（1）班的王秀凤老师叹息，“也许你的感觉要好一些？”

“当然好！”我说，“越是没劲的课文，越要教师使出浑身解数，帮助孩子完成学习任务。第一课时，前四段扣住了‘挤’‘座无隙地’和‘撞个满怀’，联系自己好动爱闹的天性，学生是很容易读出感觉的。相对闪亮的五、六两段，教师亲自朗读。教师的朗读，既是变换节奏、调动积极性，也是借海棠撑起全文。至于后面的对话和联想，再交给孩子们去读。第二课时，集中学习五至九段。所谓学习，就是变着法儿地让他们来回朗读。因为这五段是要求背诵的。其实，值得背的只有写海棠和赞海棠的五、六两段。余下三段，实在是味同嚼蜡。可怜孩子咯！教学中，我再三表示了对于没规矩孩子的厌恶。我希望自己的学生明礼节、知进退，尤其是在公共场合，不要马蜂似的横飞直撞，叫鹅似的喧哗吵嚷。如此要求和教育学生，才是对他们的负责和尊重。”

我爱冰心，这是我愿意使尽解数的个人原因。

你已经使我永生，这样做是你的欢乐。这脆薄的杯儿，你不断地把它倒空，又不断地以新生命来充满。

这小小的苇笛，你携带着它逾山越谷，从笛管里吹出永新的音乐。

在你双手的不朽的按抚下，我的小小的心，消融在无边快乐之中，发出不可言说的词调。

你的无穷的赐予只倾入我小小的手里。时代过去了，你还在倾注，而我的手里还有余量待充满。

这是《吉檀迦利》——泰戈尔的神品，冰心的最爱。因了她的翻译，我才得以皈依泰戈尔。一流的“菜汤”胜过二流的诗歌，一流的译作胜过二流的原创。仅此一译，就足以让我对冰心怀抱感激。再好的作家，也有寻常作品。

2月11日 / 星期三 晴

## 声音之外：《童年的星星》

小时候，大别山，清凉的夏夜，我一个人躺在凉床上仰望星空，然后在星空的凝望之下沉沉入睡。而今的我，是戴着眼镜也永不能看清星星和月亮了。

我庆幸曾经那样无所用心地仰望过星空，我庆幸曾经那样没心没肺地被星空整夜凝望过。于是，我便永远拥有了那样的星空。城市里肮脏的空气不能污染它，哪怕双目失明，那些星星也永远照亮并润泽我。

“或许我自己身上一切美好而纯洁的东西都应该属于她，或许我的最后归宿就是在这颗星星上。”谢谢邦达列夫提醒，我蓦地醒悟：也许，自己侥幸能有的一点对于纯净美好事物的虔诚和坚守，部分地源于那时的仰望和被凝望？也许那其实不是星星，而是满把满把由目不暂舍的凝望而播到内部的闪光的种子？

儿时看过并融入其中的好东西，不是过眼景致，而是生命的一部分。就是带着这种感觉，我带着他们诵读《童年的星星》，我请求他们记得仰望星空。

没有跟他们说自己看星星的经历。也许以后会说。今天我只将自己的体验倾注到声音里，教他们读。

几乎都是长句子，沉静，舒展，温存，清亮。教师一边读一边在黑板上画停顿符号，孩子一边听一边照样子画。然后他们学着读。

> 在沉睡中的村庄的黑暗上空，银白色的天际闪闪发亮，群星中有一颗星是绿色的，像夏天那样嫩绿，从银河的深远处，从很高很高的地方，特别亲切地对着我闪闪烁烁。当我步行在遍地尘土的夜间大道上的时候，它跟着我移动；当我在桦树林边，在幽静的树荫下停步的时候，它也在树丛中停住；当我走到家的时候，它还在瞧我，从黑黝黝的房顶那边亲切而温存地闪闪发亮。

孩子的声音干净、新鲜，有些小心翼翼，还有些似懂非懂的迷蒙。教师听了好舒心！

> “这就是她，”我想，“这是我的星星，是我童年时代的充满热情和关切的星星！我什么时候看见过她在哪儿，或许我自己身上一切美好而纯洁的东西都应该

属于她，或许我的最后归宿就是在这个星星上，那里将会以节日般的盛情接待我，就像我现在所感到的她那美善而令人愉快的闪光一样。”这就是和永恒的联系，就是同宇宙的交谈！这一切至今仍然惊人地不可理解和美妙，被视为童年时代的神秘梦幻。

“这就是她，”孩子们的声音温软、亲昵，那是认出亲人或另一个自己的感觉，“这是我的星星，是我童年时代的充满热情和关切的星星！”

之后的朗读虔诚、铺展、庄严、开阔。我以为可能卡壳的地方，比如“美善而令人愉快的闪光”及“这一切至今仍然惊人地不可理解和美妙”，他们都读得一字无误。

孩子们知道，听音乐也好，听朗读也好，他们表现最好的时候，老师会闭上眼睛沉浸其中。

“在沉睡中的村庄的黑暗上空，银白色的天际闪闪发亮，群星中有一颗星是绿色的，像夏天那样嫩绿。”闭上眼睛，眼帘覆盖的瞬间，我看见了儿时的星空，我畅饮到了那般神奇而甘美的夏夜的气息。

同意卢安克的看法：人有一个特殊的器官，能在听话的时候进入讲话者的思维，感应讲话者的思维。

如果教师所讲的东西是自己都不清楚、不相信的，那么无论他的讲话内容多么清晰明了，在声音之外，孩子感应到的也只能是混乱、茫然和虚无。相反，如果教师讲述的东西是自己过分熟悉的，那种厌倦和腻烦，孩子一样能感应到，从而使得吸收理解变得费力。

声音之外的感应和互动，大概就是佛法中所说的“心悟”吧。

卢安克是喜欢跟学生说自己的经历的，我则极少说。然而，你怎能说我完全没有说？如果我的声音蕴含了我的丰盈而诚实的体验，如果孩子对我丰盈诚实的声音起了感应，你能说我完全没有说吗？

“这就是和永恒的联系，就是同宇宙的交谈！”声音之外，当孩子于白纸黑字间还我一个明净夏夜的时候，这样的诵读，就是和永恒的联系，就是和宇宙的交谈。

附：

## 天亮了

胡婧怡

“这是一个夜晚，天上宿星点点，我在梦里看见我的妈妈，一个人在世上要学会坚强，你不要离开，不要伤害……”一首《天亮了》，讲述了一个感人的故事，关于歌手韩红的故事。

1999年10月3日的一场灾难，让一个当时只有两岁半的小男孩——潘子灏变成了孤儿，《天亮了》这首歌背后还隐藏着一个催人泪下的故事——生命的故事：

1999年10月3日，在贵州马岭风景区，正在运行的缆车突然坠毁，36名乘客中有14名不幸遇难。而就在悲剧发生的时候，一对年轻的夫妇，用双手托起了自己的儿子。结果，那两岁半的儿子得救了，他那年轻的爸爸妈妈却永远地闭上了眼睛……

歌手韩红被这个生命的故事深深感动了，她领养了这个只有两岁半、大难不死的孤儿潘子灏，并为这个故事创作了一首歌——《天亮了》，非常动听，一听就让我想起了这个故事。

这首歌最初是薛老师在课堂上放给我们听的，知道要听歌，我就非常兴奋。薛老师在放音乐前，讲了这个故事，让我的心情一下就低落下来了。这首歌韩红唱得很动听，很有感觉，我仿佛亲眼看到了缆车坠落时的那一幕。

韩红5岁时失去了爸爸，妈妈又不在身边，从小就没了父母，感同身受的她觉得自己是子灏的爸爸和妈妈。我真的觉得在缆车下滑即将坠地的那一瞬间，子灏的爸爸潘天麒和他的妈妈贺艳文两个人把孩子举起来，真的很伟大！

在生和死的瞬间，父母想到的并不是自己，他们用双手把生的希望留给了孩子，这就是父母之爱。

2月13日 / 星期五 阴

## 不只是命题之误：《早》

吴伯箫，中学学过他的《歌声》和《记一辆纺车》，从前是革命真理，今天是做人的道理——《早》。

儿童的精神胃口强旺，儿童的生命富有吸收力。对于真诚、美好、新鲜、独特的事物，儿童有着比成人更为迫切的渴求。同时儿童也是敏感的，对于隐藏在故事、谈话、活动背后的傲慢的教育动机，儿童警觉且抵触。当然你也可以说，自己教书几十年，从来不曾感受过这样的警觉和抵触，那只能说明：孩子的敏感性已经被扼杀了。

帮助儿童的前提是尊重儿童，尊重儿童的前提是体察、尊重、满足他们对于真诚、美好、新鲜、独特事物的渴求。经典名篇是独具魅力的艺术之花、生命之花，这种独具魅力的艺术之花、生命之花能够让儿童在不知不觉的熏陶中，未经告知地、真切而深刻地悟到：人生在世，就应当活得真诚、美好、新鲜、独特。

每个人对世界能做的最大贡献，乃是用自己的全部努力，为世界增添一朵魅力独特的真实的花朵。当这朵花足够真诚、美好、新鲜、独特的时候，其真诚、美好、新鲜、独特一定会溢出个人生活的范围，流向世界——影响后代。

关于教育，我们第一需要关心的，是我们带给孩子的东西是否真诚、美好、新鲜、独特。

其余一切，该来的，自然会来。那最好的东西不会独自来，它会携带了所有的一起来。

看课文：

## 早

深冬，酿雪的天气。我们在绍兴访问三味书屋。从新台门走几分钟，过一道石桥，踏进坐南朝北的黑油竹门就到了。

三味书屋是三间的小花厅。还没进门，迎面先扑来一阵清香。那清香纯净疏淡，像是桂花香，又像是兰花香。细想又都不像，因为小寒前后，桂花早已开过，兰花却还要迟些日子才开。是什么香呢？据说“三味”是把书比作五谷、蔬菜、点心的，也许这就是书香？三味书屋是几十年前的书塾，当年“子曰”“诗云”，咿咿呀呀的读书声，街上都能听得到。

书屋朝西，门两边开窗。南墙上有一个圆洞门，里边有小匾，上题“停云小憩”。东面正中挂一幅画，画上古树底下伏着一只梅花鹿。那是当年学生朝着行礼的地方。画前面，正中是先生的座位，朴素的八仙桌，高背的椅子，桌子上整齐地放着笔墨纸砚和一把不常使用的戒尺。学生的书桌分列在四面，东北角上是鲁迅用过的一张。当年鲁迅就在那里读书、习字、对课，或者把宣纸蒙在《西游记》一类的小说上描绣像。现在所有书桌旁边的椅子当然都是空的。想到几十年前若是遇到这种情形，寿镜吾老先生该会喊了吧：“人都到哪里去了！”默默中我仿佛听到了那严厉的喊声，同时记起鲁迅在文章里写过：书屋后面有一个园子，园子里有许多腊梅。

我忽然明白了清香的来源：是腊梅花。

迈进后园，腊梅开得正盛，几乎满树都是花。那花白里透黄，黄里透绿，花瓣润泽透明，像琥珀或玉石雕成的，很有点冰清玉洁的韵致。梅飘香而送暖，梅花开的时候，正预示着春天的到来。二十四番花信风，一候是梅花，开得最早。

早哇！鲁迅的书桌上就刻着一个“早”字。

这个字还有这样一段来历：那年鲁迅的父亲生了病，躺在床上。鲁迅一面上书塾，一面要帮家务，天天奔走于当铺和药铺之间。有一天早晨，鲁迅上学迟到了。素以品行方正、教书认真著称的寿镜吾老先生严厉地说了这样一句话：“以后要早到！”鲁迅听了没有说什么，默默地回到座位上。他在书桌上轻轻地刻了一个小小的字：“早”。从那以后，鲁迅上学就再也没有迟到过，而且时时早，事事早，奋斗了一生。

是啊，的确要早。要珍惜清晨，要珍惜春天，要学梅花，做“东风第一枝”。

全文共八段，重点学习第三段，其余一读了之。到后来，学生对三味书屋的陈设了如指掌。

坐北朝南的教室里，“团结紧张严肃活泼”——教师指着东面墙上的标语，学生好像看见了那块匾，齐声念道：“三味书屋！”

从上到下，教师的手在黑板中间有力地一抹。“一幅画！”学生喊。

教师指指后墙，学生回答：“西边大门，两边开窗。”

“南边的教室门呢？”

“圆洞门！”

接着他们抬起头，定睛于门框的上方，分明看见似的念着：“停云小憩！”讲台右边正好有张桌子，是专门用来摆放录音机的，“东北角，鲁迅座位！”

如此这般，三番两次的演练学生为什么兴致勃勃？因为这是包含智力因素的学习。缺乏智力因素的学习，比如完全不懂的死记硬背，比如陈腐老套的道德庭训，其结果只能有二：或是逃避抵触，或是沉闷顺从、丧失生命的主动性。

五、六、七、八段分别写早开的梅花、桌上的“早”字、“早”字的来历、“早”字的启示。

是啊，的确要早。要珍惜清晨，要珍惜春天，要学梅花，做“东风第一枝”。这是文章中心、写作目的。一、二两段写冷天、清香则是为第四段写腊梅花开埋伏笔。

作者借梅喻人，语重心长地告诉孩子一个从小到大听得耳朵起茧的道理——是啊，的确要早。要珍惜清晨，要珍惜春天，要学梅花，做“东风第一枝”。

这是吴伯箫的《早》，这是孩子第一次在教材中接触到鲁迅。我并没有问，孩子们由此而认识的鲁迅，是怎样一个人？

不外乎懂事，不外乎珍惜时间。是的，鲁迅当然是珍惜时间的。世界上有哪一个有成就的人不是珍惜时间的？所以，这里的鲁迅，不是独特的鲁迅。而失去独特性的鲁迅，就不是真实的鲁迅。这里的鲁迅不过是道具，不过是文以载道的话由。

我个人以为，文章的主要价值在于介绍三味书屋的第三段。学了这一段，教师还可以布置学生写写自己的小天地。由此，教学才会对孩子的进步有真实的帮助。为读者计，为文章计，本篇题为“三味书屋”更合适，更老实。

2月16日 / 星期一 阴雨

## 走进三味书屋

春寒料峭的雨天，我们在五（2）班听读书课。

师：学了《早》这篇文章，你认识了怎样的鲁迅？

生：受了训斥不辩解的鲁迅。说到做到的鲁迅。知错就改的鲁迅。时时早、事事早的鲁迅。

师：想知道鲁迅是怎么写自己的吗？想知道三味书屋的孩子们是怎样学习的吗？

生：想。

发讲义，《从百草园到三味书屋（二）》。

“出门向东，不上半里”，教师开始朗读。读到一半，教师停住，令一学生接上。

“三味书屋后面也有一个园”，这个女生很流利地读到文章结束。

根据教师要求，学生找出文章与《早》相对应的地方。共六处，找到一处朗读一处：

出门向东，不上半里，走过一道石桥，便是我的先生的家了。从一扇黑油的竹门进去，第三间是书房。中间挂着一块匾道：三味书屋；匾下面是一幅画，画着一只很肥大的梅花鹿伏在古树下。

我对他很恭敬，因为我早就听到，他是本城中极方正、质朴、博学的人。

我就只读书，正午习字，晚上对课。

三味书屋后面也有一个园，虽然小，但在那里也可以爬上花坛去折腊梅花，在地上或桂花树上寻蝉蜕。

然而同窗们到园里的太多、太久，可就不行了，先生在书房里便大叫起来：“人都到哪里去了？！”

读的书多起来，画的画也多起来；书没有读成，画的成绩却不少了，最成片段的是《荡寇志》和《西游记》的绣像，都有一大本。

师：文章哪些地方让你觉得好玩？为什么？

生：“‘先生，“怪哉”这虫，是怎么一回事？……’我上了生书，将要退下来的时候，赶忙问。‘不知道！’他似乎很不高兴，脸上还有怒色了。”这个老师跟我们今天的老师不一样，寿镜吾老先生他不喜欢学生提问。

师：过去的书塾大都是这样的——先整本地背书，整本书背熟了，老师再开讲，这叫启蒙。讲了还不懂，才可以问。

这种做法不好的地方我们都知道，今天就不说了。我提一个问题，这种做法是否一点道理都没有？

生：有一定道理。遇到一点不懂就问老师和妈妈，慢慢就会变得怕动脑筋。净想着提问，就不肯好好背书、好好读书了。也许答案就在书里面等着我们去发现呢。书读百遍，其义自见。找到答案最好的方法是自己琢磨和思考。

师：教师和父母不能过分鼓励孩子发问。过分鼓励发问会助长孩子的依赖心理，让孩子变得心浮气躁、神思散乱，什么都学不进，什么都学不透。教育孩子如同养小树。春天，当小树生出许多枝杈，园丁一定会剪去多余的、疯长的枝杈，为的就是让小树集中养分，长得挺拔强壮。

生：老师，为什么鲁迅要把自己描的绣像卖了呢？

师（带着怒色）：不知道！我不知道！（全班大笑，全体听课老师大笑）你们谁知道？替我告诉这个随便发问的家伙！

生：文章《早》中明明写了，鲁迅的父亲生了病，躺在床上，很需要钱，鲁迅天天奔走于当铺和药铺之间。

师：读了今天这篇文章，哦，其实是半篇文章，你们又认识了怎样的鲁迅？

生：顽皮、可爱的鲁迅。爱发问的鲁迅。喜欢画画的鲁迅。对对子很厉害的鲁迅。

师：选择喜欢的句子读读，谈谈。

生 1：“三味书屋后面也有一个园，虽然小，但在那里也可以爬上花坛去折腊梅花，在地上或桂花树上寻蝉蜕。最好的工作是捉了苍蝇喂蚂蚁。”这也太有趣了！我还没有想到有这种玩法呢，以后我也试试。

生 2：“他有一条戒尺，但是不常用，也有罚跪的规矩，但也不常用，普通总不过瞪几眼，大声道：‘读书！’”还是现在的老师比较温和，还是现在的学生比较有福气。

断句并解释古文之后，教师让学生自选喜欢的放声朗读，一定要读到“人声鼎沸”。

教师还要求学生在朗读的时候注意教师手势，根据手势调节音量。于是学生兴趣盎然地读起来，有念“仁远乎哉我欲仁斯仁至矣”的，有念“笑人齿缺曰狗窦大开”的，有念“上九潜龙勿用”的，有念“厥土下上上错厥贡苞茅橘柚”的。

当声音达到人声鼎沸的时候，教师的手势由高而低慢慢下降，学生的声音也随着手势渐渐低下去，低下去，静下去。

这时候，教师放开喉咙，摇头晃脑地读起来：“铁如意，指挥倜傥，一座皆惊呢；金叵罗，颠倒淋漓噫，千杯未醉嗬——”

就在此刻，下课的铃声响起了。

整理人：六（1）班语文教师 刘功名

2月20日 / 星期五 阴

# 跟着薛老师走进百草园

## 一、导入与通读

师（指黑板）：读。

生：《从百草园到三味书屋（一）》。

师：星期一，我们在《从百草园到三味书屋（二）》里认识了怎样的鲁迅？

生：爱提问。爱画画。顽皮。

师：怎样顽皮？

生：在读书的间隙溜出书屋折腊梅。捉来苍蝇喂蚂蚁。

师：是的，那是三味书屋里的鲁迅。今天我们要走进百草园，看看百草园是一个怎样的园子，看看入学之前的鲁迅在这个园子里干什么。

发讲义《从百草园到三味书屋（一）》，其中生字已经注音。在教师的召唤下，未经准备，学生径直举手要求朗读。

六个学生接续通读全文，个个声音响亮，身体挺直。结尾那个男生将 Ade 分开来，读成三个单独的英文字母，教师更正并解释。这一解释，把学生的感觉调动起来了，于是教师顺势让全班齐读结尾一段。齐读充满感情。

## 二、总体感悟

师：现在，你们又认识了一个怎样的鲁迅？

生：比三味书屋里的鲁迅更顽皮更可爱的鲁迅。

师：何以见得？

生（读）："也许是因为拔何首乌毁了泥墙罢，也许是因为将砖头抛到间壁的梁家去了罢，也许是因为站在石井栏上跳了下来罢。"

师：呵呵，确实够顽皮，也够危险的了！所以家人决定——

生（读）："要将我送进书塾里去了，而且还是全城中称为最严厉的书塾。"

师：把百草园当作乐园的鲁迅，他喜欢上学吗？

生：不喜欢！

师：何以见得？

生（齐读，充满感情地）：

"总而言之：我将不能常到百草园了。Ade，我的蟋蟀们！Ade，我的覆盆子们和木莲们！"

## 三、选读与交流

师：关于百草园，鲁迅总共写了几件事？

生：三件事。百草园的景致，美女蛇的传说，雪天捕鸟。

师：选择你最喜欢的读一读，谈一谈。

生1：我喜欢写何首乌的地方。"何首乌藤和木莲藤缠络着，木莲有莲房一般的果实，何首乌有拥肿的根。有人说，何首乌根是有像人形的，吃了便可以成仙，我于是常常拔它起来，牵连不断地拔起来，也曾因此弄坏了泥墙，却从来没有见过有一块根像人样。"我爷爷也有一棵何首乌。

生2：何首乌是一种中药，可以养头发的。

生3：我喜欢美女蛇的传说，这让我感到既紧张又害怕。

生4："这故事很使我觉得做人之险。"这段很有意思，以后陌生人叫我的名字我可不敢轻易答应了。

生5："走到百草园的草丛旁边时，也常常这样想。但直到现在，总还是没有得到，但也没有遇见过赤练蛇和美女蛇。叫我名字的陌生声音自然是常有的，然而都不是美女蛇。"我感觉鲁迅对于自己没有遇到美女蛇，有一些庆幸，也有一些失望。

生6：“单是周围的短短的泥墙根一带，就有无限趣味。油蛉在这里低唱，蟋蟀们在这里弹琴。翻开断砖来，有时会遇见蜈蚣；还有斑蝥，倘若用手指按住它的脊梁，便会拍的一声，从后窍喷出一阵烟雾。”如果我在那里，我也会这样地找虫子玩。

## 四、认识阿长

师：星期一，我们认识了真正的寿镜吾老先生，他是怎样的一个老先生？

生：严厉，又有些可爱。

师：怎样可爱？

生：学生读书的声音都低下去了，安静了，老先生还在摇头晃脑地大声朗读，微笑，陶醉。

师（放开声音，摇头晃脑，学生接茬）：铁如意，指挥倜傥，一座皆惊呢；金叵罗，颠倒淋漓噫，千杯未醉嗬——（满场笑）

师：在百草园，我们又认识了谁？

生：阿长。

师：阿长是谁？

生：老师上次说过，是专门带鲁迅的老妈子。

师（执《朝花夕拾》，读《阿长与〈山海经〉》）：“我们那里没有姓长的；她生得黄胖而矮，（师停顿，生笑）‘长’也不是形容词。又不是她的名字，记得她自己说过，她的名字是叫作什么姑娘的。什么姑娘，我现在已经忘却了，总之不是长姑娘；也终于不知道她姓什么。”

师：鲁迅在回忆童年的文章里，经常充满感情地提到这个阿长，猜猜看，这是为什么？

生1：她常常给鲁迅讲故事。

生2：她像亲妈妈一样对待鲁迅。

师：你们喜欢图画书吗？

生：喜欢！

师：你们有过为要得到一本心爱的图画书跟父母再三恳求的经历吗？

生：有！

师：你们有过意外得到朝思暮想的好书，从而喜出望外，高兴昏了的经历吗？

生：有！

师：知道《山海经》吗？

生：我知道，这是一本中国古代的神话故事书。上面有人面兽、九头蛇，还有长翅膀的飞人。鲁迅极想得到这本书，是阿长给他买来的。

师：为晏楚芸鼓掌！是的，在《阿长与〈山海经〉》里，鲁迅记录了这个故事。哦，人面的兽啊，九头的蛇啊，三脚的鸟啊，生着翅膀的人啊……

你们一定能想象得到，一定能体会得到鲁迅对绘图的《山海经》的渴求！然而谁也不肯认真听他的恳求，然而谁也不肯帮他买来这本书。

“我要《山海经》我要《山海经》我要《山海经》我要《山海经》……”如此这般哼哼得多了，连阿长也来问这是怎么一回事了，可惜阿长只是一个不识字的老妈子！跟她说有什么用呢！真懒得跟她废话！然而既然她问到了，鲁迅也就只好爱理不睬地告诉阿长了。

（生笑。教师的声音渐渐低下去，充满感情）十多天过去，也许是一个月，阿长从娘家回来，一见面，就将一包书递给鲁迅，高兴地说：“哥儿，有画儿的‘三哼经’，我给你买来了！”

鲁迅当时的感觉，似乎遇到了一个霹雳，整个身体都震悚起来。赶紧打开纸包，是四本小小的书。翻开看时，我的天，我的天啊！人面的兽，九头的蛇，三脚的鸟，生着翅膀的人……正是自己渴望得几乎绝望的绘图本的《山海经》！（一片无言的感动，教室里静得出奇）

直到这个时候，不识字的长妈妈，也不知道自己给鲁迅买来的究竟是什么书，所以她说："哥儿，有画儿的'三哼经'，我给你买来了！"（教师板书"三哼经"，学生齐笑）

## 五、期待与相信

师：每次读书课，老师都会提一个相同的问题，什么问题？

生：为什么要读这个故事？

师：是啊，老师为什么要用整整两堂课的时间带你们读《从百草园到三味书屋》？

师：读了《一个十岁男孩的梦》，我们班有同学办起了书包图书馆；读了《孔子的故事》，金佳岷跟着就读完了林汉达先生的《上下五千年》；诵了《童年的星星》，邢虎威当晚就长时间地仰望星空，他盯着一颗星星看，最后那颗星星被看成五彩斑斓的了。这些都是老师没有想到的。可是读了《从百草园到三味书屋》，我相信，有一件事情一定会发生。那就是（教师指着事先板书好的"《朝花夕拾》"）——

生：一定会有人去读鲁迅的《朝花夕拾》。

师："百草园"是老师最喜欢的段落。老师曾多次在讲座中背给老师们听。每次背诵的时候，老师都要问下面的人两个问题：第一，有人会背吗？（没有！）第二，有人的手里正好有《从百草园到三味书屋》吗？（当然没有！哪有这么巧的事？）于是老师就非常勇敢地背诵！因为错了也没人知道！（生笑）现在，请你们把讲义都翻过来，不许偷看，而且听完了要给热烈的掌声！

师（背）：不必说碧绿的菜畦，光滑的石井栏，高大的皂荚树，紫红的桑椹；也不必说鸣蝉在树叶里长吟，肥胖的黄蜂伏在菜花上，轻捷的叫天子忽然从草间直窜向云霄里去了。单是周围的短短的泥墙根一带，就有无限趣味……像小珊瑚珠攒成的小球，又酸又甜，色味都比桑椹要好得远。（全场热烈鼓掌）

师：特意带大家读《从百草园到三味书屋》，其实也是出于一份私心。因为鲁迅是老师最喜欢的中国作家。在老师看来，这是一个有情趣、有思想、有骨气的一流的作家、一流的人！

然而鲁迅毕竟不是儿童文学作家，所以，老师永不指望在你们中间，鲁迅受欢迎的程度能够和林格伦、恩德、罗琳、怀特相比。

然而我依然期待，然而我依然相信，将来，你们60个人里总有一两个会成为我的知音。这就是我带你们朗读《从百草园到三味书屋》的原因。

时间还有几分钟，“然而我依然期待，然而我依然相信”，这其实是一个过渡，听到这里，聪明的同学一定猜出来了，下面我们将做什么？

生：听音乐。

师：什么歌？

生：《心怀相信》！

（惠特妮·休斯顿和玛利亚·凯莉合唱的《心怀相信》在教室里响起。学生习惯地伏在桌子上静听，教师闭上眼睛。下课的铃声响起，听课的老师恋恋不舍地离开。）

整理人：六（2）班语文教师 李君华

板书：

鲁迅　　　　从百草园到三味书屋（一）
《朝花夕拾》　　|　　　　|
三哼经　　　　阿长　　寿镜吾
　　　　　　　与
　　　　　　《山海经》

附：

## 一堂公开课

胡婧怡

今天是星期五。我们早就知道，今天薛老师将会有一堂公开课，是给我们班同学上。大家都很兴奋，还专门出了一期黑板报——“琅琅书声朗朗乾坤”，就是关于《日有所诵》。

还在课间，就有两位老师拿着凳子来到我们班后面坐下了，接着陆续来了好几位老师。突然，又来了一位老师，让我们大吃一惊，他是我们的科学课老师李老师。本来李老师来并没有什么大惊小怪的，不一样的是他今天带来了一台摄像机，难道还要给我们摄像？

今天的第二节语文课本来是要上课文的，但因为有老师来听课，便改成了朗读课，我们真是沾了光。老师给我们一人发了一张大绿纸——《从百草园到三味书屋（一）》。我们上次朗读的《从百草园到三味书屋（二）》讲述的是三味书屋，那这篇（一）一定就是写百草园的了。在这里，又会遇到一个怎样的鲁迅呢？

老师先请几位同学把这篇文章读了一遍，我们现在不经预习就能读一篇有难度的文章，很了不起。第一个读的是魏鹏，可能是有些紧张，读得有些结巴，当他读错时，薛老师轻轻给他纠正错误，今天的薛老师感觉格外温柔。

从前面两篇文章里，我们认识了一个懂事的、可爱的鲁迅，而在这片百草园里，我们认识了一个顽皮的鲁迅。百草园是鲁迅小时的乐园，那里有碧绿的菜畦、光滑的石井栏……鲁迅在里面做了很多“坏事”，拔何首乌毁了泥墙……后来家人将他送进了全城中最严厉的书塾，Ade，他和他的百草园依依不舍地告别，我们也很有同感。

这节课我们发言很积极，薛老师很满意，所以在快下课时，给我们听了一首歌曲——《心怀相信》，是一首英文歌，非常动听。下课了，我们还沉醉在音乐中。

真是一堂有趣的公开课！

2月25日 / 星期三 阴雨

## 过度背诵和急速读诵

每一单元三篇散文诗、两首历代诗。《新月集》的首篇已在上学期读过，所以这一学期，每周任务就是读诵两篇，背诵两首。

如今“日有所诵”的任务真是前所未有的轻松。然而每次抽查，背诵依然是参差不齐。

“个个都签了‘会背’，相信父母不会欺骗老师，所以我以为，真实情况是：在家里、在父母跟前，你们其实背得挺好，可是到了课堂，到了老师面前，背诵就疙疙瘩瘩了——是不是啊？”

“是的。”“就是的。”

学生们纷纷附和，声音里有困惑也有被体恤的感激。

“如何解决这个问题呢？老师今天要教你们两招。依计行事，收效立竿见影；坚持下去，记忆力、表达力都将得到极大提高。长期以来，老师就是这么做的。除了你们的金戈大哥哥，这两招我还从来没有教过别人呢。你们可不要轻易外传哦。”

“呵呵！”他们都笑了。

“第一招，过度背诵！”教师将“过度背诵”写在黑板上，“这一招其实早就教过你们，谁还记得？”

“已经会背了，再连着大声背诵三遍。”一个学生回答。这就是灵光的孩子，一点一滴的浇灌都不让教师徒劳。

“掌声！现在，我们就拿《梦江南·梳洗罢》现场操练。强记抢背，会背了连背三遍。开始！”

“梳洗罢，独倚望江楼。过尽千帆皆不是，斜晖脉脉水悠悠，肠断白洲！”一时间，教室里人声鼎沸！

两分钟后，孩子们抢着举手。现炒现卖，前所未有的得意与响亮！背诵的、听见的，一个个踌躇满志。

“这就叫过度背诵。趁热打铁的效果，胜过之后的复习再复习。真正事半功倍啊，这是多么划得来的事情！除了过度背诵，还有一个绝招，更有意思，叫作‘急速读诵’。”

“急速读诵，”教师边写边说，“顾名思义，就是——”

余幼好此奇服兮，年既老而不衰。带长铗之陆离兮，冠切云之崔嵬。被明月兮珮宝璐。世溷浊而莫余知兮，吾方高驰而不顾。

猝不及防的背诵后，教师以迅雷不及掩耳的速度向学生扫射。这是刚刚读过的《楚辞·涉江》（节选）。孩子们听呆了，五体投地的掌声雷鸣般响起。

朝发轫于苍梧兮，夕余至乎县圃。欲少留此灵琐兮，日忽忽其将暮。吾令羲和弭节兮，望崦嵫而勿迫。路曼曼其修远兮，吾将上下而求索。

教师兴致勃发了。猝不及防的背诵后，教师再次以迅雷不及掩耳的速度射向学生。这是上周的《楚辞·离骚》（节选）。这一回，小家伙们都坐不住了，更加热烈的掌声之后，一个个摩拳擦掌，跃跃欲试。

“只读不背两分钟，看能不能做到一字无误快又准！”

“余幼好此奇服兮，年既老而不衰。带长铗之陆离兮，冠切云之崔嵬。”

再度人声鼎沸！他们把浑身上下的劲都拿出来了。

毕竟是新学的“段子”，毕竟有些难度。身体力行之后，学生才知道：急速读诵，一字无误不是轻易可以做到的。

两分钟后，没人举手。喊起魏鹏，方才教师听见了他的读诵，知道他行。掌声之后，女生中的张悦媛也站起来表演急口令。

第三个举手的是最后一排的孙琪先，“余幼好此奇服兮，年既老而不衰。带长铗之陆离兮，冠切云之崔嵬。被明月兮珮宝璐。世溷浊而莫余知兮，吾方高驰而不顾。”这孩子，速度几乎是教师的两倍，我们还没有支好耳朵，他已经结束了，可是我们又明明听见——这是一字无误的！

“哇！”面面相觑之后，是既佩服又惊奇的叫声！

“再来一次！”教师提议。

“再来一个！”学生附和。

“余幼好此奇服兮……吾方高驰而不顾。”一向细声软语的孙琪先，昂首挺胸地又来了一遍。这不是孩子在读诵诗句，这是诗句从孩子嘴里自动向外迸射。

“注意没有？当人急速读诵的时候，声音不由自主提高，身体不由自主挺直。这就是全神贯注，这就是如痴如醉。长此以往，你们的记忆力、表达力乃至内在修养和人前仪表都会发生可喜的变化。因为美好事物是有生命力的，因为美好事物是相通的。

“过度背诵是会背之后的巩固。在此之前，为了背下诗文，尤其是篇幅较长、难度较大的古诗文，急速读诵是很实用的方法。比如《涉江》，读顺之后，不管三七二十一，你就从头到尾来回地读，大声地读，一遍快过一遍地读！经过刚才的练习，相信你们已经知道：如果不能全神贯注，就根本做不到一字无误。

“急速读诵，其实就是在强迫自己集中精神，将注意力变成子弹，一发接一发密集而准确地射向学习目标。当急速读诵一字无误的时候，牢固记忆已经近在咫尺；当急速读诵养成习惯的时候，所谓博闻强记不过是水到渠成的事情。这是一个漫长的修炼过程，在这一过程中得到发展的还有：面对任何学习材料都能够自动运转起来的——敏锐而准确的观察力、判断力、思考力。”

这番长篇大论，他们能懂多少，我不知道。急速读诵的演练，以后会在“日有所诵”的课堂经常做。至于能否沉淀为个人习惯，那就全看他们各自的慧根和福分了。

必须说明的是：过度背诵、急速读诵有很大程度的机械性，这种机械性既是个人意志力的表现，也是个人意志力可以得到锻炼的原因。所以，经过急速读诵、过度背诵，留在记忆乃至潜意识里的东西，其影响之深刻也类似于刻录。所以，必须强调的是：值得过度背诵、急速读诵的，只能是美的诗文。

不可滥用。

# 3月 March

# 泥土培养泥土

3月2日 / 星期一 阴转雪

## 有你这儿才美丽：《我》

阴冷潮湿，已经持续两个星期了。

早自习，孩子们状态低迷。教师生气道："你们吃定了我是软弱可欺的，对吗？这回可是你们逼我的！今天的朗读课，说取消就取消！"

第一节课，走进教室，学生中间起了轻微的叹息。他们看见教师一手提着小黑板，一手拿着课本和练习册。

"失望吗？这是你们应得的。其实老师比你们还要失望呢！当然，希望还是有的，那就是：依然有气无力，依然心不在焉，争取全班抄书！”

接着朗读《海伦·凯勒》。这一回，他们读得颇有感觉。举手“请战”的居然还有李玉琢，而且读得很好。之后的齐读越发有声有色，这就给了教师一个台阶。

“老师也是脆弱和易受伤害的。李玉琢的朗读给了老师很大的抚慰。现在，我又想给你们读书了。但你们要能猜中书名。这本书讲的是一个人的内心世界与生活经历——其实是一个动物。嗯，我们就当它是人好了！书名只有一个字，什么字？！”

“人！”一群小傻瓜不假思索地嚷嚷。

“我！”一个声音响亮地说。是马建。

教师挂起小黑板，他们喜出望外地放声念诵：

[德] 菲利普·韦希特尔 著/绘

世界上最美的图画书

我

真是“世界上最美的图画书”。画面的细腻温馨、丰厚简约与文字的生动有趣、耐人寻味水乳交融，珠联璧合。

“想看是不是？那就跟着老师说说‘我自己’。说得好时，才带你们看！”

顿一顿，见他们都竖起耳朵了，教师一字一句地说：“我。我对自己比较满意。我热爱书籍和音乐。我喜欢给孩子们读书。我喜欢听见掌声。”

“啪，啪……哗——”先是一两下零星的击掌，然后是受了启发的热烈鼓掌。这让教师吃惊不小，受了较大的鼓舞。

“谢谢！谢谢！我的情绪很容易受到同学们的表现的影响。当你们不乖的时候，我就发狠不再带你们读书、听音乐，可我总是言而无信。我不知道这是好事还是坏事。我去过很多地方。奔波辛苦的路途中，我想家想同学们。可是长期不外出，我又觉得有些憋闷。我最大的痛苦是眼睛近视太深，即便戴上眼镜，也看不清星星和月亮了。”

几个积极分子陆续跟着说了起来：“我的书很多。我喜欢发言。可是我写的本领不行。我的苦恼是我的这一颗门牙缺了一个口，因为它是恒牙，所以没有指望换新牙了。”

“和老师一样，我也热爱阅读和音乐。我喜欢上课发言的感觉。我的苦恼是数学没有语文强。我最大的痛苦是个子太矮，跑步太慢。”

说着说着，教室里的空气变得轻松愉快。教师从教材和练习册的中间，抽出黄色封面的小小图画书，高高举起。“啊，《我》！”“原来‘我’是一头熊啊！”

一片笑声中，朗读开始了。

教师站到第一排的魏鹏的对面，一页一页地翻，魏鹏仰头一页一页地读。全班呢，跟着一页一页地看，一页一页地齐声朗读：

> “我……”熊抱臂而立，微笑着，很自负的样子。
>
> “我喜欢自己。”熊仰卧在草地上，尽情嬉戏。
>
> “我热爱生活，凡事自有主张。”熊在花草间趾高气扬地阔步前行。
>
> “我走自己的路。”熊在马路上悠然漫步，身后的汽车排成了长龙。
>
> “我真了不起。”熊张开双臂，欣赏自己巨大的身影。
>
> “我注重仪表。”熊在美发。
>
> “我好帅气！”雨天，熊一往情深地凝视着水洼里的自己的影像。
>
> “我喜欢小生灵。”熊坐在长椅上，一只小蝴蝶落在熊的臂弯。熊温存地看着蝴蝶。

“猜猜看，下一句一定是什么？”

“我也喜欢大生灵。”几个孩子应声而答。

“当然，也喜欢大生灵。”

翻页，魏鹏响亮地读。画面上，熊坐在餐桌前，手持刀叉，侍者正端上一条大鱼！

“哈哈哈！”就这样，一路笑着，全班齐看图，齐朗读。

“有时候，我觉得自己很不平凡。”熊坐在高入云天的树枝上，飞机从树枝的下面飞过。

“不过，有时候……”熊蜷成一团，看起来沮丧又失落。

魏鹏的声音变得低沉，他真是个灵秀的孩子！“不过，有时候怎么样？”教师再一次停住了，问。

“不过，有时候我也会觉得孤独寂寞。”朱翔宇大声回答。

“何以见得？”

“到现在为止，熊遇到的都是人，大都会里只有他一头熊。”

“我会觉得孤独寂寞……”熊在人山人海的包围中。

“……渺小如草。”熊站在一双球鞋的对面，仰望高不见顶的鞋主人。

“于是我就怎么样？”教师问大家。

“于是我就出发，去找我的森林和同类！”

“于是，我迅速出发……”熊急切地下了公共汽车。

“跑啊……”熊在一片空白地上奔跑。

“跑啊……”熊在一片森林里奔跑。

“结果怎么样？他找到什么了？”比熊还要急切地，教师发问。

“他找到了一群熊。”很多人说。

“他找到了一头熊。”邢虎威说，“现在森林越来越少，熊也遭到捕杀，一头熊能找到另一头熊很不易。”

“来到你的面前！”

浓绿的草丛中，两头熊紧紧拥抱。闭上眼睛，微笑着。好像正在倾听彼此的心声：“终于找到你了。找到你，我就找到了自己。”

“终于等到你了。你来了，我才是完整的我自己！”

第一次看见这幅图的时候，教师潸然泪下。一是因为内心深处被触动的记忆，一是因为书本身。作为中国的教师和母亲，想到这是德国人为他们的幼儿写作、绘制的图书，怎不感慨万端？

再没有人笑了。静静地，一团温暖的感动在教室里氤氲弥漫。总的来说，孩子们还算懂事。无言的感动中，他们看见：广袤的田野上，开满金色的花朵；粉红的天空中，徜徉着更加粉红的云朵。携手并肩，两头熊行在这样的天空与田野之间。画面左上角是一行英文，魏鹏念不好了，马静婷大声朗读并翻译：

“Beautiful that you are here！有你，这儿才美丽！”

60 个孩子跟着齐念，声音里有饱满的晴朗与温暖。

“Beautiful that you are here！有你，这儿才美丽！”

窗外依然是寒雨淅沥。

附：

## 买书得到的结论

项兴萍（鲍秉轩母亲）

我们家当时装修打家具的时候，根本没把书橱算进去，因为我和儿子爸爸不是爱看书的人，再加上儿子年龄小，只有几本书而已。爷爷家的书橱也在放杂物。自从儿子上学后，碰到既爱看书又会引导孩子读书的薛老师，我们儿子的藏书逐年递增，添置书橱自然而然地显得特别重要。

虽然我和儿子都很想去买，但儿子爸爸一直没有时间陪我们去，再说他总觉得书放在哪里不是最重要的，关键是儿子是否会认真读。说来也巧，就在我们很为这件事烦恼的时候，孩子舅舅因为搬家，把孩子表姐的书橱送给了儿子。于是从那以后，舅舅每次来我们家都会看一看儿子的书橱有没有多出新的书。儿子也很热心地介绍最近他都买了些什么书。

今天中午，孩子舅舅又来家里。儿子说："我妈前几天才在网上买了几本书，算时间应该今天到才对。"儿子的话才停下来，这边就有人敲门，开门一看，儿子立刻喊："叔叔好！"并且回过头来说："妈妈，快拿钱来，书送来了。"舅舅连忙称赞道："不错嘛，连送书来的叔叔都认识！可见你真是他的老顾客。"

儿子可不管那么多，拿着发货清单便问起来："我不算太好奇的人，但是我得问问，有几本是我的？""这次没帮别人买，全部都是你的。""《小学生作文与训练100篇》《中华歇后语大词典》《亲近科学》，哎，这本《发现母亲》是你的吧？《德国当代儿童文学经典作品集（全两辑）》。我的书买的不错，但是你也太浪费了，你那本什么《瑜伽经》还没看完呢，又买这一本。要是我的话，上次买的到现在还没看完，你绝对不会再给我买，真不公平！"这就是我帮儿子买书得到的结论——浪费的妈妈，不公平的妈妈！

3月6日 / 星期五 晴转阴

## 6分13秒：《二泉映月》

揿钮，短小的引子好像一声凄楚的长叹。叹逝处，合奏轻起。学生娓娓而诉："又是一个中秋夜，阿炳在邻家少年的搀扶下，来到了二泉。月光似水，静影沉璧，但阿炳再也看不见了。"

二胡起，似有清泉从荒烟蔓草的深处汩汩涌出："只有那淙淙的流水声萦绕在他的耳畔。他想起了师父说过的话，想到了自己坎坷的经历。"

琴声由缓而促，渐渐起了涟漪。孩子的朗读也受了感应："渐渐地，渐渐地，他们似乎听到了深沉的叹息，伤心的哭泣，激愤的倾诉，倔强的呐喊……"

琴声继续，二胡激荡。学生捧着书，端坐凝听。任心潮拍岸，卷起阵阵波澜。此时此刻，他们的精神早已出离教室；此时此刻，他们就坐在月下的泉边，就坐在阿炳的身边。他们听见的是琴声、泉声，阿炳的心声，也许——还有自己。

第一提琴、第二提琴、中提琴、大提琴、低音提琴，还有竖琴，西洋弦乐合奏的主旋律从容尊贵，缓缓流泻。

浸润。谛听。

二胡起时，学生朗读第五段：“听着，听着，阿炳的心颤抖起来。他禁不住拿起二胡，他要通过琴声把积淀已久的情怀，倾吐给这茫茫月夜。他的手指在琴弦上不停地滑动着，流水、月光都变成了一个个动人的音符，从琴弦上流泻出来。”

寻觅。谛听。

朦朦胧胧，从遥远的地方传来了弦乐的合奏。渐渐苏醒，渐渐明晰；渐渐温暖，渐渐有力。教师手起处，学生齐读：“起初，琴声委婉连绵，有如山泉从幽谷中蜿蜒而来，缓缓流淌。这似乎是阿炳在赞叹惠山二泉的优美景色，在怀念对他恩重如山的师父，在思索自己走过的人生道路。”

琴声絮絮，仿佛谁在自言自语。

静听。酝酿。

琴声升腾跌宕处，学生的朗读也随之冲决而出，步步高昂：“随着旋律的升腾跌宕，步步高昂，乐曲进入了高潮。它以势不可当的力量，表达出对命运的抗争，抒发了对美好未来的无限向往。”

静听。回味，想象。

当弦乐合奏将“春江花月夜”般的温暖、开阔与甜柔满当当充盈在我们教室、我们心灵的时候，学生敞开温暖的心扉——“月光照水，水波映月，乐曲久久地在二泉池畔回响，舒缓而又起伏，恬静而又激荡。阿炳用这动人心弦的琴声告诉人们，他爱那支撑他度过苦难一生的音乐，他爱那美丽富饶的家乡，他爱那惠山的清泉，他爱那照耀清泉的月光……”

一段结束。“舒缓而又起伏，恬静而又激荡。”——恰从那里响起的胡琴，却仍在舒缓起伏，恬静激荡。那是长久燃烧的炽烈、倔强的爱，那是不肯泯灭的对光明、幸福的追求。

静听。体验，等待。

仿佛燃烧之后的宁静，辛劳之后的酣眠。激动之后，乐声归于轻柔。应着音乐的节律，学生再读：“月光照水，水波映月，乐曲久久地在二泉池畔回响，舒缓而又起伏，恬静而又激荡。阿炳用这动人心弦的琴声告诉人们，他爱那支撑他度过苦难一生的音乐，他爱那美丽富饶的家乡，他爱那惠山的清泉，他爱那照耀清泉的月光……”

合奏诉说的依然是爱：水一般柔软，月一样洁净。结句的“月光”二字，他们吐得极轻极慢。渐渐远去，音乐消逝于空气。

不多不少，6 分 13 秒。

读一段，听一段。文字的感情、节奏恰与音乐契合。静听的五处，又恰在段落与段落、层次与层次的中间。真的很巧！为了找到这样的契合，巩固这样的契合，教师事先练习了十多遍。

音乐中的集体诵读，效果远胜教师表演。将这一环节放在最后，就是想让他们印象深刻。“这样的经历和体验，相信他们一生难忘。”李君华老师如是说。希望是的。

就是这篇《二泉映月》，此前已经用去三堂课了。

第一课时，素读，理解课文，解决四个问题：

1. 第一段的写景有什么作用？

2. 两次听泉，为什么阿炳感觉不同？

3. 泉声中阿炳听到的叹息、哭泣、倾诉、呐喊，其实是什么？

4. 给要求背诵的四、五两段划分层次（用“ | ”标出），反复朗读。

第二课时，听音乐，再读课文。教师就四、五两段表演配乐朗读。解决三个问题：

1. 除了愤激、叹息，你还从音乐中听见了什么？

2. 音乐中的温暖和光明从哪里来？

3. 抄写生字词。

第三课时，抄笔记：重要解词及课后习题答案。（答案无非“自强不息，追求光明”之类，这是弱孩子需要的。当然，绝大多数情况下，教师是不建议这样做的。）订正“综合练习”。读全文。学生尝试配乐朗读。只一遍，他们就找到感觉了。教师很兴奋，急切地想要向人炫耀，与人分享，于是将李君华请进教室。于是有了文章开头的 6 分 13 秒。

附课文：

无锡的惠山，树木葱茏，藤萝摇曳。山脚下有一泓清泉，人称“天下第二泉”。

有一年中秋之夜，小阿炳跟着师父来到泉边赏月。水面月光如银，师父静静地倾听着泉声。突然，他问小阿炳：“你听到了什么声音？”小阿炳摇了摇头，因为除了淙淙的流水，他什么声音也没有听见。师父说：“你年纪还小，等你长大了，就会从二泉的流水中听到许多奇妙的声音。”小阿炳望着师父饱经风霜的脸，懂事地点了点头。

十多年过去了，师父早已离开人世，阿炳也因患眼疾而双目失明。他整天戴着墨镜，操着胡琴，卖艺度日。但是生活的穷困和疾病的折磨，泯灭不了阿炳对音乐的热爱和对光明的向往。他多么希望有一天能过上安定幸福的生活啊！

又是一个中秋夜，阿炳在邻家少年的搀扶下，来到了二泉。月光似水，静影沉璧，但阿炳再也看不见了。只有那淙淙的流水声萦绕在他的耳畔。| 他想起了师父说过的话，想到了自己坎坷的经历，渐渐地，渐渐地，他似乎听到了深沉的叹息，伤心的哭泣，激愤的倾诉，倔强的呐喊……

听着，听着，阿炳的心颤抖起来。他禁不住拿起二胡，他要通过琴声把积淀已久的情怀，倾吐给这茫茫月夜。他的手指在琴弦上不停地滑动着，流水、月光都变成了一个个动人的音符，从琴弦上流泻出来。| 起初，琴声委婉连绵，有如山泉从幽谷中蜿蜒而来，缓缓流淌。这似乎是阿炳在赞叹惠山二泉的优美景色，在怀念对他恩重如山的师父，在思索自己走过的人生道路。| 随着旋律的升腾跌宕，步步高昂，乐曲进入了高潮。它以势不可当的力量，表达出对命运的抗争，抒发了对美好未来的无限向往。| 月光照水，水波映月，乐曲久久地在二泉池畔回响，舒缓而又起伏，恬静而又激荡。阿炳用这动人心弦的琴声告诉人们，他爱那支撑他度过苦难一生的音乐，他爱那美丽富饶的家乡，他爱那惠山的清泉，他爱那照耀清泉的月光……

就这样，一首不朽的乐曲诞生了——这就是经后人整理并定名为《二泉映月》的二胡曲。几十年来，这首曲子深受我国人民的喜爱，在国际乐坛上也享有盛誉。

3月9日 / 星期一 晴

## 两课一篇是怎样做到的

当然不是所有课文都需三个半课时，正如当然不是所有课文都令教师身心投入。本学期，多数课文是两课时上完的。比如前一课的《海伦·凯勒》，后一课的《郑和远航》。所谓“两课时”，其实是大约——只多不少的大约。首尾相接跨三课的时候也是常有的。

第一课时初读课文，程序如下：

一、单读带齐读。学生举手请战，一段接一段，先是一人单读，继而全班齐读。需要的地方教师正音、解词。也有东张西望、分神散心的，一段朗读结束，罚其抄写刚刚没有用心听、用心读的那一段。

二、读生字。因为“日有所诵”和大量阅读，对于绝大多数同学来说，生字早已不生。

三、通读全文。划分段落。画出生词。

四、抄生字词：拼音一遍，生字四遍，生词两遍。

五、逐一检查生字词，既查正确与否也查工整与否。个别动作慢的，下课几分钟后才写完。如此，作业效果就比回家各自完成要好不少。全班一起完成作业的时光里，优秀学生专心致志的状态，会在润泽的空气中，无声无息地传播濡染到那里。

六、生字词抄写完毕之后，于课堂或课后自动完成《练习与测试》（即我们惯称的《基础训练》）。教师鼓励学生新课未学之前，提前完成《基础训练》。这时，孩子们往往窃窃私语，这是教师希望看见的讨论。

第二课时深入学习，程序如下：

一、分段朗读、讲解课文。

二、解答课后习题，需要的抄给答案。

三、集体订正《基础训练》。根据需要，选择题目事先写好答案。比如看拼音填词语，教师从来都是将词语写到小黑板上。《基础训练》没有完成或者马虎潦草的，同桌检举，罚抄一段课文。我们的规矩是：受到检举的人要向同桌说“谢谢”。一般情况下，第一、第二课时不在同一天。为的是留足沉淀时间，让无意识发挥吸收作用。

四、《基础训练》订正之后的检查快而略。学生自由阅读或者往后继续写作业。当然，也有动作慢的下课几分钟后才写完。对于这些动作慢、能力弱、自觉性差的孩子，他们尤其需要在教师和同学的陪伴下完成作业。作业质量如何？

作业是否有用？这固然要看作业完成结果——更要看完成时候的心理状态。

也许这就是所谓的课课清吧。总之，除了作文和试卷，一年级到现在，我从来没有收过作业本，从来没有在办公室里批改过他们的作业。

我从不要求预习。面对如此浅白的文本，如果学生习惯了预习并进而使得预习成为理解新课的必须，那只能说明孩子曾经有或可能有的“学习爆发力”，即在第一时间把握文本的思维及感悟的敏捷力已遭磨灭。听话的孩子，将在未来的学习或考场上吃亏。因为将来的学习分量重、时间紧、难度大，由不得你慢条斯理，在缺乏智力因素和信息密集度的问题上磨洋工。

提前完成《基础训练》就是预习。同时，这也是一种实实在在的应试训练。临到考试，他们所面对、所要分析的不都是陌生文本吗？

就写作而言，在充分地“说”之后，能够做到不打草稿，一次成文；就朗读而言，面对难度适宜的文本，也能够不经准备，发声就能读，而且读得正确流利。这是我的语文教学目标。这个目标已被每个孩子铭记于心。

这两条做到时，两课一篇——确切地说，是在两个课时内完成教材及《基础训练》规定的教学任务，是能够做到的。

如果遇到教师喜欢、有感觉的文本，我们就会在讨论、朗读上投入很多时间、情感。那时，我们都在经历着高峰体验。当然，学生以他们的“有感觉”点燃、带动了教师的“没感觉”，从而使得课堂呈现始料不及的精彩的时候也是有的。

今天星期一。这一周照例是学生做读书汇报。因为他们的读书笔记已经写得越来越长、越来越好了，所以这学期始，隔周一次的汇报，人数由八名改为六名。

高岩松、郭乐谈的是《假如给我三天光明》，胡婧怡、马静婷谈的是《魔女宅急便》，李自成、李欣会兄妹俩分别就《不老泉》和《朝花夕拾》做汇报。讲述故事梗概（或者只讲故事开头，有意留下悬念）、朗读精彩片段、发表个人感想是读书笔记的固定组成；结构新颖、内容生动、朗读响亮是他们追求的目标。

汇报结束，逐一点评、打分。有时教师也让学生给讲演者点评、打分。无论是否“也读过”，他们都很喜欢听。不专心听是要挨批甚或受罚的！听也是读。新鲜的学习、潜在的交流，是对班级读书的可靠而持久的推动。

保证学生有好书可读，教师把这当作自己的责任。上周，每人五元，集资从网上购买了三十来本新书：《魔戒》《纳尼亚传奇》《神奇校车》《汤姆的午夜花园》《小鹿斑比》《北风的背后》《小兵张嘎》《小英雄雨来》《铁道游击队》《亲近科学》……每天下午，教师都要提着一袋书去教室。一组接一组，他们来到讲台，在教师赞许鼓励的目光中换书。

有两个学生没有交钱。从理智上说，这是好事，这证明我们的集资是完全自愿的。

附：

## 宁死不屈的门

郭　乐

今天晚上，我和妈妈准备洗个澡，妈妈脱衣服很快，先进了卫生间，随手把门关上，并锁了起来，我随后也脱好了衣服，正准备进去，却打不开门。“门锁着呢！”“哦，怪不得开不开，吓我一跳！”妈妈把保险锁打开，我再开门，可还是不行。“妈妈，您有没有按那个按钮啊！我怎么还是打不开啊？”“啊？我明明把保险锁打开了啊？怎么会打不开呢？！”妈妈从卫生间里大声说。我和妈妈的大声对话让爸爸赶了过来。

我和爸爸在外面焦急万分，妈妈在里面摩拳擦掌，用力扭动门把手。我只穿着内衣，在外面冻得直哆嗦，套着妈妈的外套，我焦急地等待着。相反，爸爸妈妈却因为门把手的事情而忙得不可开交，满头大汗。他们互相喊着口号:“向左！使劲！”听着把手扭动摩擦的声音，想必爸爸妈妈都十分用力。“往右边试试！你不要动！我来扭！”“嘎吱！”听着声音好像门开了，可走近一看，还是没有开。过了好一会儿，爸爸大喊:“干脆一锤子砸了算了！”“再试试！再试试！”妈妈似乎还有一些不忍心。又是一阵阵摩擦声和号子声，“吱——”咦？门开了吗？我心怀疑问走近一看，天哪，不但门没开，而且门把手好像就要掉下来似的。

近半个小时过去了，爸爸实在忍不住了，从工具箱里拿出锤子，走到门前。“砸了啊！1——2——”“咣！咣！咣！”连续三声重重敲打的声音，终于听到了门把手坠落的声音。一看，呵！一个好大的洞哦！门终于能开了。爸爸拿了一块布把洞堵了起来，这样就不漏风啦！

哦！真是一扇宁死不屈的门啊！

3月12日 / 星期四 雨

# 摘抄及其他

## 一、养身与养心

朋友问："云门弟子做不做摘抄？"看云觉得这跟读书笔记是一档子事，所以就从读书笔记说起，从教师必须尊重和服从儿童生命的主动性说起。

四年级开始，一个接一个地，孩子们自动写起了读书笔记——其实不过是故事复述而已。但教师相信：一件事情，只要是从自觉自愿（这种自觉自愿，常常需要外力的唤醒和促成）的内部开始了，就好比春天的种子冒出了芽苞，是一定会长高长大的。

于是特给种子一块肥地，于是将朗读变为隔周一次。与朗读间隔开来的，就是从最简单的故事复述开始的读书汇报。直到现在，教师也没有布置过读后感的任务，但是一年下来，隔周八篇——他们听都听得会写了。一个始料未及的问题是，检查日记的时候，教师总要提醒一些人：

“不要篇篇都是读后感，要多写生活中的事。”

教师喜欢这样的读书汇报，借力打力，这是利用孩子的力量推动阅读，指导阅读。孩子们喜欢这样的读书汇报——刚刚学完第12课《精读与略读》，对于“我也读过”的孩子来说，倾听是回味也是交流；对于没有读过的孩子来说，这就是略读。必有孩子因为“耳朵的略读”而翻开那些好书。“略读是精读的基础”，课文所言不差。

也是从四年级开始，有孩子自发开始了摘抄，还有将抄满的薄薄一本拿给教师看的。教师自然给予大大的奖励。他们最喜欢的奖励，就是领回一本图画书，和父母看一整天。这叫有奖阅读。

毕竟不同于可以兼做日记的读书笔记，摘抄纯是自我增负的额外任务。所以，有抄抄就断了的，有断了又接上的，更有从来不抄的。今天教师突发奇想，问道：“正在做摘抄的，请举手。”认真点数过了，21个。不少了！个个都是自觉自愿呀。唯有自觉自愿，才是在做有用功，入脑入心的有用功。

“你们为什么抄？”教师问。

“我喜欢好词好句，我想记住好词好句。”“我想练字。”“我想提高作文水平。”“我日记错别字特别多，妈妈说我需要做摘抄。”“我想抄满一本给老师您看。”孩子们纷纷作答。

“还有一个重要原因，也许你们根本没想到！想想是什么？”

学生们面面相觑。等了一会儿，教师说：“那就是语文作业少，你们有充足的时间来阅读；班级图书多，你们有充足的好书可以读！对不对？”

“对！”

因为摘抄，魏鹏、李自成的语文成绩尤其是作文水平得到明显提高。有目共睹的效果，激励了不少孩子。就在今天，李玉琢也开始摘抄了。她与魏鹏同桌。

一喜之下，教师把一颗糖奖给了刚刚抄了几行，语文成绩总在 60 分至 70 分之间晃悠的小姑娘。

“一喜之下，老师就奖给李玉琢一颗糖了！作为奖品发出的糖果，递到学生手里，甜在老师心窝。让老师高兴，就是在为全班做贡献！同学们，我们该有什么表示呢？”来兴致的时候，教师可是一个忽悠的高手。

掌声，热烈的掌声，还有满堂欢笑。

和读书笔记一样，对于摘抄，教师一直不硬性布置。教师唯恐破坏了孩子已有和可能有的阅读兴趣、阅读节奏、阅读个性。但教师会不间断地鼓励他们摘抄。别看举手的只有 21 个，其实，每个写着读书笔记的孩子，都在做同一性质的事情呢。

同事都说薛瑞萍有点惯学生。也许是吧。其实这也是惯自己。不布置，教师就免除了检查、督促、“追缴”带来的劳累，这叫善养身。心里念着好的，眼睛盯着好的；只有鼓励，只有忽悠；愿跟喜出望外，不跟心平气和——这叫善养心。

为了完成第二单元规定的习作，下午举办了“五（2）班第一次日记朗读比赛”。为了保证活动质量，前天教师特别规定，同时符合两个条件者才可以报名参赛：日记经常得100 分，上课发言积极响亮。选手 6 名，内容自选。

结果，有惊叹、有静默、有欢笑、有眼泪——比赛场面的火爆与精彩大大超过教师预期。

经过投票，决出前三名。第三名正是魏鹏，日记正是《摘抄》。比起李宋杰的《偷偷流下眼泪》、郭乐的《朋友》、张悦媛的《我也想做魔女》、晏楚芸的《〈永远讲不完的故事〉带我到幻想王国》、高陈的《愤怒的太阳》，从题目到内容，魏鹏都是最老实、最朴素的。日记中，他讲述了喜欢摘抄的原因，他告诉大家自己正在同时阅读两本书，同时做两本书的摘抄：《神奇校车》里的科学知识和“名人传记”系列中的名人名言。他还总结出三个“摘抄必须”：必须有一本专门的本子，必须书写工整，必须每天坚持——日有所抄。

当堂完成的“新闻报道”中，很多同学写道：“魏鹏是我的偶像。从今天起，我也要做摘抄。”

## 二、教师及父母

王海林，深圳福田区一位初中语文教师，每周布置给学生的作业是三篇练笔、一次读书笔记，和教材相关的作业也就是朗读、背诵。

“就这些。但一定要认真完成，不许敷衍了事。我告诉学生，我对儿子也是这样要求的。结果三年下来，学生和儿子的语文成绩不比别人差。因为他们有时间阅读了。”看云知道，从这样作业得益的，岂止是语文一科！

> 您今天的日记对我也非常有帮助。语文老师安排孩子预习的内容，我实在是看不过。那预习都是让孩子在字典里查所有生字的所有含义，并抄写下来。包括查和写，怎么也要40分钟。实在是浪费时间，又对理解课文没有帮助。还要每个字组词3个，写偏旁、部首和笔画。很多时候，孩子为了节约时间，就把《语文全解》里的抄上去。
>
> 我检查过，一篇课文12个生字，对儿子来说只有

一两个是他的生字。最近，我看了肖复兴的《我教儿子学作文》，也想让孩子抄写泰戈尔的《新月集》，可是，哪里有时间！

我刚刚想出来一个怪招：我和儿子换语文作业。我写他的语文作业，他写我给他布置的语文作业。

这是一位三年级学生母亲贴在《两课一篇是怎样做到的》后面的发言。忧伤之情溢于言表。其实这样的作业，相当具有普遍性。看云附近的学校，甚至看云过去的同事，都有这样布置的——有的比这还要重，重在哪里？看云不忍评说！

支离破碎、机械沉重、全无智力因素的所谓作业，实在是在虚耗儿童生命的同时，降低儿童心智水准，败坏儿童生活质量。

布置、检查、追缴这样的作业，实在是在虚耗教师生命的同时，降低教师心智水准，败坏教师生活质量。那些动辄错一罚十甚至五十、一百的数学老师和英语教师，更是作孽。

然而多数教师，就挣扎在这样的泥淖中。无力出，也不敢出。

作业繁重低效的原因是教师对学生不信任、不放心；教师对学生不信任、不放心的原因，是教师对自己不相信、不放心。

具体到语文，就是教师自己没有学好语文，不知道怎样才能学好语文。身在语文教师的位置，环顾四周，但见向来如此；静心思量，只觉压力如山。其情其境，怎一个“怕”字了得！所以只好跟着学——跟着往下陷。弄得自己和学生越来越累，越来越笨，越来越沮丧。

教师压力往往来自等而下之的领导。我听说很多地方的检查督导细致琐屑到规定作业批改次数、批改格式；教案详写篇数、详写（其实是详抄）篇幅。只有最缺乏教育常识和对自己领导能力（其实是服务能力，服务教师专业发展的能力）最缺乏信心的人，才会把检查督导做到如此荒诞委琐的地步。

教师爱岗敬业的程度，取决于教师专业自主感、职业尊严感获得满足的程度。你怎能想象，一个常年被粗暴干涉、无理挑剔的人，可以积极主动、富于创造性地从事工作？你怎能指望，一个自主感、尊严感横遭践踏的弱者，竟然有力量、有热情去尊重体察比他更弱的人？

这种源于无能为力的不自信、不放心，在不少地方已经形成恶性循环——最终受害的是学生。这些学生中间，将产生未来的教师。

这就导致了一个问题：家长怎么办？

看云和儿子任课教师的交流，很多时候是为了给儿子减轻作业量，替儿子变通作业内容。因为自己是教师，所以深知教师的不得已，所以能够在体察、尊重、取悦的前提之下，面对不同教师用不同的沟通方法——所以沟通一向比较成功。也有无法沟通的，那就绝不沟通，更绝不在孩子面前指责一字，因为这种无奈无力的指责，只会增加孩子的痛苦。

当孩子抱怨的时候，就讲包容体察的道理给孩子听。就让孩子权当那是对适应力、意志力的磨炼。就告诉孩子："至少老师是希望你好的，只是方法欠妥而已。将来步入社会，你可能还会遇到希望你不好的人呢。凭什么你遇到的都是爱你的好人，而且是充满智慧的爱你的好人？有多少父母不懂得怎样爱孩子，甚至根本不爱孩子呢？想想爸爸妈妈，常怀感恩的心……"以至于等到看云有嘴教子无力束己，在家里大放厥词、抨击时弊的时候，儿子每每教育母亲："不要苛求领导，不要过于偏激，要对未来怀抱希望，要心平气和……"

又跑题了。回到摘抄。

看云自己是很从摘抄得益的。初三之后，课业任务加重，为了确保充足的睡眠、充足的户外运动、足够的阅读量，看云让儿子中断日记——改为每天抄写《艾青诗选》。儿子高中之后，会过日子的看云就接着那本本子抄，并且给那本本子起了一个好听的名字：“我们母子共爱的歌”。

所以，如今的不布置摘抄作业，实在是看云无力做到拿学生当儿子对待。

抱歉。

附：

## 愤怒的太阳

高　陈

最近几周，天气不好，一直在下雨，人们也开始抱怨了，说：“雨怎么还是不停?！”可是雨到后来还是下了一个礼拜。

但是今天的天气可就大不一样了，今天的天气和以前的雨天有什么不同呢？是因为今天天气好起来了，可是太阳光太强烈了，都让人觉得已经是夏天了。我下午上学都少穿一点了，可当我下课活动的时候还是比较热。

太阳在最近几周没出来，大家都抱怨，可是现在太阳一出来，气温就升高了那么多，而且那么热。太阳就像是被太阳妈妈关进了一个黑房子里，不让出来，太阳在里面怒气冲冲。现在太阳把那个黑房子的门给踢开，出来了，可是它的心情还是很愤怒、很生气，所以就会这么热。

我对现在的温度不满意，我希望那刚从黑房子里出来的愤怒的太阳赶紧心平气和起来，不要再这么热了。我觉得太阳可能过一两天就会不这么热了，我们也不会感觉这么热了。

我知道太阳会释放出紫外线，太阳光越强，紫外线就越强，长时间被太阳晒的话，就会对我们的皮肤不好。

我还觉得不管天气怎么样，我们也不能抱怨，要心平气和。

3月16日 / 星期一 晴

## 总是爱着他们，总是追求光明：《夸父追日》

### 一、不管怎样，总是爱他们

40分钟，两项内容：朗读《不管怎样，总是爱他们》和《夸父追日》。

如果人们不讲道理，思想谬误，自我中心，不管怎样，总是爱他们。

如果你做善事，人们说你自私自利，别有用心，不管怎样，总是要做善事。

如果你成功后，身边尽是假的朋友和真的敌人，不管怎样，总是要成功。

你所做的善事，可能明天就会被遗忘，不管怎样，总是要做善事。

诚实与坦率可能使你易受攻击，不管怎样，总是要诚实与坦率。

你耗费数年所建设的一切可能毁于一旦，不管怎样，总是要建设。

人们确实需要帮助，而你若是帮助他们，却可能遭受攻击，不管怎样，总是要帮助。

将你拥有的最好的东西献给世界，你可能反而会被踢掉牙齿，不管怎样，总是要将你所拥有的最好的东西献给世界。

齐读，再齐读——孩子的声音里隐约有了震惊与感动。

“八个段落，八句话。选择最有感觉的读。只要一句，只要朗读。不必说理由。”

“如果你做善事，人们说你自私自利，别有用心，不管怎样，总是要做善事。”朱翔宇读。然后自顾自地说：“有时候真是这样，你做了善事，人家却说你是自私自利。但是不管怎样，总是要做善事！”

于是齐读这一句：“如果你做善事，人们说你自私自利，别有用心，不管怎样，总是要做善事。”

“诚实与坦率可能使你易受攻击，不管怎样，总是要诚实与坦率。”鲍秉轩读。教师情不自禁议论：“是啊，卖假货而发财的，不一定都会受到法律制裁。有时候，诚实和坦率会给你带来孤独与伤害；有时候，真相永不会大白于天下。然而不管怎样，总是要诚实与坦率。因为这世上有比挣钱更重要的东西，那就是——”教师用力地写，学生大声地念：“良心！”

“因为这世上有比孤独和误解更可怕的感觉，那就是——良心不安！”

似懂非懂的震撼中，他们读：“诚实与坦率可能使你易受攻击，不管怎样，总是要诚实与坦率。”

“你耗费数年所建设的一切可能毁于一旦，不管怎样，总是要建设。”李欣会读。

教师又说：“‘锄禾日当午，汗滴禾下土。’春天播种，夏天耕耘，到了秋天，农民是否一定能得到丰收？”

“不一定！”

“可能遇上干旱，可能遇上洪涝，可能闹起虫害，可能遭遇假种子、假化肥！然而，农民能够因为这么多可怕的可能，而不去播种不去耕耘不去劳作吗？”

“不能！”

“为什么？”

“你付出，可能收获可能不收获；你不付出，你将一无所有。”韩玉琤说。

“学习也一样啊。付出之后的收获，不仅是粮食，不仅是成绩，更有付出过程中的体验：缺憾与满足，失落与期待，苦痛与甜蜜，眼泪与欢笑。做事是为了活着，但活着更是为了做事，做善事。否则，你就从来没有作为自己，作为真正的人——真正地生活过。”

“你耗费数年所建设的一切可能毁于一旦，不管怎样，总是要建设。”教师语罢，学生齐读。如是三番之后，再次诵读全篇。

…………

人们确实需要帮助，而你若是帮助他们，却可能遭受攻击，不管怎样，总是要帮助。

将你拥有的最好的东西献给世界，你可能反而会被踢掉牙齿，不管怎样，总是要将你所拥有的最好的东西献给世界。

这是誓言，百折不挠、百折不回；这更是倾诉，无限真挚、无比温存。

“不管怎样，总是要……”“不管怎样，总是要……”“不管怎样，总是要……”——不管怎样，总是要！一次又一次，当60个孩子毅然决然又充满感情地念出这种句式的时候，教室仿佛成了圣殿。

可以朗读图画书了。

## 二、不管怎样，总是追求光明

教师站在魏鹏的对面，擎起画页。庄严肃穆的气氛中，第一排的他放声朗读：

古时候，在北方很远的茫茫荒野里，有一座高入云端的大山叫“成都”。因为太阳神羲和每天所走的道路离这儿太远，因此，这里整年见不到阳光，一片黑暗，十分寒冷，人们的日子很苦。

高入云端的“成都”，覆压下令人凝血的酷寒。满页是苍茫寒冷的白色，天上是寒光闪烁的星斗。

“成都”山下，住着一个叫夸父的勇敢的巨人，为了改变人们的处境，他决定去追寻太阳神，劝他改变一下行走的路线，给这里送来温暖和光明。可是有些甘愿忍受寒冷和黑暗的人却认为夸父自不量力，有的讥笑他，有的劝阻他。但是夸父决心已定，毅然踏上了追寻太阳的道路。

冷月、寒星、枯树、雪山、围着火堆的人们，和这一切对立的，是巨人夸父：戴着金色的耳环、手镯，系着虎皮围腰；长发飘飞，目光刚毅；健美、壮硕、浪漫、傲然。

夸父翻过了无数高山峻岭，跨过了数不清的激流深涧，战胜了重重艰难险阻，终于越走越亮，看到了盼望已久的太阳。夸父高兴得欢呼起来。

第三幅画面与封面相同。因为是跨页，所以看起来更开阔，更飞扬，更抒情，更有音乐感。飞奔的夸父，张开双臂拥抱阳光。

画面右上角，即东方，飘拂着道道光的彩绸。光带招展，河流奔涌，鸟儿欢鸣，花木摇曳——所有热情奔放、生机蓬勃者，都在朝着夸父的来向放歌起舞，都在接引夸父、欢迎夸父，都在倾听——应和夸父心中的歌。

就这样一页一页地读，一页一页地看。画面越来越暖，越来越热。那是夸父的生命之火在燃烧——越来越炽烈，越来越执着。

他的手杖落在地上，变成了一片茂盛的桃树林，结出了无数鲜美甘甜的桃子，为后来追求光明的人们解渴。

最后一幅，鸟儿翩翩飞翔，桃实累累坠枝。邓林下，厚实凝重的殷红几乎胀出画页，堆到面前。“这些红红的是什么？”

“血。”“太阳。”“土地。”“生命。”

“是的。这是土地，是阳光照耀、生机蓬勃的土地，是夸父用生命滋润、绚烂了的土地。夸父是活活渴死累死的。夸父的血，蒸发进阳光，又随阳光温暖、肥沃了大地，所以，这红色也是太阳、血液和生命。”

再翻，“这是什么？”

“所有图画缩小了放在一起。”

“谁能看着小图，把故事讲述一遍？”

没人举手。教师知道自己过于急躁了。回到第一幅，他们七嘴八舌地说：“古时候，在北方，有一座大山，高入云端……”这是重温故事，这更是重温图画。

又到了本套丛书最具特色的地方——“换一种方式看，有没有新发现？”

很多人举手。一人一幅小图，七个孩子带着大家再次重温故事、重温画面。

“朗读图画书之前，为什么先读《不管怎样，总是爱他们》？”

“夸父就是这样的人，不管当时的人们怎么嘲笑和劝阻，不管以后的人们记不记得自己，他总是要追逐太阳，他甘心为大家而死。”

“他也是为了自己，为了实现自己的心愿！夸父热爱阳光，夸父希望大地上生机蓬勃、鲜花盛开。他宁愿死在追逐太阳的路上，也不愿苟活在黑暗和寒冷中。”

小黑板出示古文。教师范读一遍，学生朗读三遍。然后练习急速读诵，最后表演急速读诵。

> 夸父与日逐走，入日；渴，欲得饮，饮于河、渭；河、渭不足，北饮大泽。未至，道渴而死。弃其杖，化为邓林。

因为没有投影仪，所以能够在教室里读的图画书除了内容好、画面美之外，还需画面足够阔大醒目。喜欢这套《幼学启蒙丛书》，就是因为它的画面够大够美。想要用文字传达出画面的好处，那是徒劳的。

总之，由《夸父追日》，看云读到、听到的是一曲奇异的歌：色彩之歌，阳光之歌，生命之歌，英雄之歌——不管怎样，总是追求光明；不管怎样，总要追求理想。

3月20日 / 星期五 晴

## 图画书对于儿童有多重要

我对阅读的热爱，完全自发地萌生于连环画。直到念师范，我仍是小人书摊的常客；直到参加工作，我仍是《连环画报》的热心读者。我对《三国演义》《水浒传》《聊斋》《西游记》及希腊神话的了解，全部来自连环画。

当成人阅读在20世纪就已进入“读图时代”，图画书对于儿童的重要性，应是不言而喻的。在成人那里得以成立的一切读图理由，在儿童这里都应当加倍地成立。

读过《朝花夕拾》的人，大约都难忘记鲁迅与阿长之间的恩怨。“仁厚黑暗的地母呵，愿在你怀里永安她的魂灵！”鲁迅之所以将如此热切隆重的敬意给予姓名都不确知的保姆，一个最重要的原因，就是阿长给他买来过“有画儿的‘三哼经’”。意外的狂喜给鲁迅带来的心灵冲击是如此之巨大：“我似乎遇着了一个霹雳，全体都震悚起来。”

在《二十四孝图》里，鲁迅特用了同情与悲悯的笔调，记录下同窗小友对于图画的迷恋。

我的小同学因为专读“人之初性本善”读得要枯燥而死了，只好偷偷地翻开第一叶，看那题着“文星高照”四个字的恶鬼一般的魁星像，来满足他幼稚的爱美的天性。昨天看这个，今天还看这个，然而他们的眼睛里还闪出苏醒和欢喜的余辉来。

也许，同窗小友对于“恶鬼一般的魁星像”的迷恋，正和今日儿童对于“乌龙院”“奥特曼”的迷恋如出一辙吧。因为在今天，很多小学生的学校生活，也几乎枯燥得要死了！因为在今天，孩子们要看到青山碧水之类的环境美，已经难乎其难了！而美与快乐，乃是儿童正常生活的必需。

家长、教师嗤之以鼻的印刷垃圾，焉知不是儿童的救生圈呢？夺走救生圈的做法是愚蠢而残忍的，聪明且仁慈的做法，是带着孩子一起阅读优质的图画书，是用优质的图画书来满足他们幼稚的爱美的天性，是牵引孩子登上坚固安全的游船——纵横四海。

每一个给学生读过图画书的教师，必定都对那时的孩子的眼神难以忘怀。沉醉、惊讶、清澈、痴迷，是这种纯洁健康的——在同学之间、师生之间活泼流通着的快乐，让班级风气变得清新，让师生情感变得亲密，让学校生活变得有趣。相比于这种纯净、珍贵、充满萌生力量的快乐，其他诸多好处都是自然而来的副产品。

图画书往往价格不菲，孩子独看的感受与班级共读很难相提并论，所以，教师应当带领学生在教室共读。

优质图画书对于儿童究竟有多重要，实在不是我能全面完整地表述的。也许，对于儿童来说，图画书并不比体育、游戏、音乐、舞蹈、旅行等更重要。

当我说图画书重要的时候，真实的意思乃是：图画书能给儿童带来快乐，这种快乐对于儿童很重要。

这种快乐，对于将个人悲欢与学生成长联系在一起的真正的教师——很重要。

3月23日 / 星期一 阴

## 发飙

第一节课，六个孩子分别就《撒切尔夫人传》《神奇校车》《亲近科学》《汤姆的午夜花园》做读书汇报。

晏楚芸、朱翔宇、李旭冉、施淑静的标题分别是：《因为你与他们不同》《奇妙的微生物》《〈怒海观鲸〉读后感》《李时珍与曼陀罗》，张悦媛、金佳岷的都是《读〈汤姆的午夜花园〉》。

总结发言的时间里，不管他们是否能够完全听懂，教师自顾自地在那里激情澎湃："听着他们的讲演，老师既高兴又痛苦。高兴是因为他们写得都好，而且议论范围已经从童话、小说，扩大到名人传记、科普读物；痛苦是因为必须要在他们中间分出'好'和'更好'——这真的是一件困难的事情！然而，老师多么喜欢这种困难和痛苦！思之再三，评判结果是：一等奖，施淑静；其余五人都是二等奖。原因很简单——施淑静近乎脱稿了，我们班亟盼这种光明正大地道出自己的信心和勇气！

“我相信：迟早有一天，我们会听见完全脱稿的读书讲演！当那一天到来的时候，就是我们在光明、洁净、健康、温馨的文字和声音里站立起来的时候。在这个远非光明、洁净、健康、温馨的现实世界，靠着阅读、写作和交流，从而沐浴着光明、洁净、健康、温馨的文字和声音，从而在光明、洁净、健康、温馨的文字和声音里坚定地站立起来——这是我们战胜灰暗、污浊、委琐、冷漠的方法。因为，消灭杂草最好的方法是播种鲜花。琅琅书声，朗朗乾坤——”

“让我们期待，让我们行动！”全班齐接，声如雷鸣。呵呵，典型的集体无意识啊——这是教师有意培养的班级集体无意识。

每有提问，举手的总是那些人。若遇难题，大家又总朝一两个人投去等待的目光，好像教师单单是在向那两个人发问，好像大家都是观摩教学来了。这让教师一次次愤怒。

语文、品德乃至《基础训练》中的短文朗读都交给他们了，那时候，举手的略多一些，但仍是事不关己、高高挂起的居多，于是教师越发愤怒，无数次地发狠道：“哑巴语文是没有用的！将来——面试的时候，求职的时候，事之成败取决于能否当众清晰坦荡地说出自己内心的话的时候，你就知道口语能力的重要了，但也什么都晚了！

“老师有意把简单的题目问了又问，老师有意把简单的文章交给你们读，就是希望你们张开嘴，学会在公共场合发声说话，先从重复别人的话开始，先从朗读别人的文章开始，最终进步到能够在公共场合、紧要关头——发出自己的声音。这是比考试更重要的能力！既然鼓励无效，那我只好惩罚了！既然号角不能激励你，那我只有扬鞭抽打你了！”

然而还是没有用。口头发飙根本吓不倒他们。铁石心肠、咬紧牙关的人中，大有几个成绩优异者在。

万般无奈之下，教师只得言出必行：两周统计一次，两周从不举手的，抄书！

第一次，26 个人抄《早》。就在课堂上抄，“好孩子”自由阅读。

想象一下，26 人同时被罚抄书，其间还有几个成绩优秀和很多成绩优良的！当时气氛那叫一个肃穆凝重！连自由阅读的人都被那肃穆凝重所浸染，一个个表情庄重地在那里自由阅读！

第二次，抄写《神奇的克隆》的就只有三个人了。

第三次——上周五，教师估摸也就那两三个，私下问了问，果然是的，于是宣布第三次统计和惩罚延迟到这个周末。

“我们突然发现，很多以前不常举手回答问题的同学，今天都举手了，他们是秦本顺、丁雨辰、化雪纯等同学。薛老师十分高兴，让这些新举手的同学站起来朗读课文，并让我们给他们最热烈的掌声。”这是叶少华日记中语。

号角在前，鞭子在后。有时候逼迫也是必需的。惩罚的前提是让他们知道惩戒的必要、教师的无奈——起码没有举手的孩子能够自觉站起来接受惩罚。

我相信：被迫举手、被迫开口的孩子当中，必有不少因为“被迫”品尝战胜自我的滋味，从而变得乐于发言、敢于发言。我也知道，有些孩子最终仍是不愿开口、不肯开口的——那就算了！

所以，到星期五，是否真的统计惩罚，此时的我也说不准呢。毕竟惩罚是下策。鼓励才是永远的上策，是日日不间断的主旋律，是每天都要寻找机会、创造机会在他们耳边吹响的号角。

教师也需要自我鼓励。所以，从六篇不错的读后感里，特意录下表扬的文字。

现在，我已经成为忠实的“校车迷”。我多么想到弗瑞丝老师的班上去上那奇妙的科学课啊。但是因为薛老师，我更愿意选择五（2）班。因为嘛，班级公用图书我还没有全部看完；因为嘛，我更喜欢薛老师的课！（朱翔宇）

正在看的三年级的《亲近科学》，让我对李时珍有了更多更深的了解。琅琅书声，朗朗乾坤；根的事业，花的工程。真的是这样啊！我觉得薛老师那里的每一本书都很好看。我希望大家都和我一样爱读《亲近科学》。（施淑静）

又及，既是下策，大家最好不要学。所谓“发飙”，就是失控的意思——偶然的，可以原谅的失控。而我所谓的统计，是学生自己站起来领罚，绝少赖账者，绝不需教师真的去点数、记录。如果麻烦学生做这种琐碎的统计，就更是一师无能，累死全班。

3月24日 / 星期二 晴

## 泥土培养泥土：《音乐之都维也纳》

在我看来，教学《二泉映月》而不带着孩子听《二泉映月》，教学《音乐之都维也纳》而不带着孩子听一两首欧洲古典音乐，这是匪夷所思的事情。

我以为，课文不过是舟筏，我们的目的乃在于弃舟登岸——尝试步入音乐的林莽。如果只为语文，没有了必需的音乐的滋润，课文也是虚无、干枯的。

理查德·克莱德曼演绎的《秋日的私语》《献给爱丽丝》《罗密欧与朱丽叶》是人们在"高雅的公共场所"经常听见的，一、二年级也常放给他们听。这两天，带着他们重温贝多芬的《命运》，聆听莫扎特的《土耳其进行曲》。对不少孩子来说，《土耳其进行曲》那纯净而快乐的旋律其实并不陌生。

琴键在手指下跳跃，精灵似的音符在空气中回旋闪烁；琴弓在琴弦上飞触，似有成群的燕子，在明净的湖面整齐欢快地起舞。许多提琴同时溅起的小小乐花，像许多燕子展开油亮、紧凑、青春的翼尖，同时在湖上逗起的圈圈波纹。于是水面波光粼粼，于是心里波光粼粼。音乐中，嗅到了晒干的稻草的气息，看见了奏者的微醺的笑颜，甚至听见了人们的明朗的笑声。阳光、喷泉、鲜花、鸣禽——音乐激起的想象与律动中，孩子们摇头晃脑，如春风中颠倒沉醉的小草。

莫扎特是世所罕见的音乐天才。这让我想到了鲁迅的《未有天才之前》。

在要求天才的产生之前，应该先要求可以使天才生长的民众。——譬如想要有乔木，想看好花，一定要有好土；没有土，便没有花木了；所以土实在较花木还重要。

天才大半是天赋的；独有这培养天才的泥土，似乎大家都可以做。做土的功效，比要求天才还切近；否则，纵有成千成百的天才，也因为没有泥土，不能发达，要像一碟子绿豆芽。

具体怎样做呢？鲁迅以为，就文学而言，做泥土就是能创作的创作，翻译、介绍、欣赏、读、看、消闲都可以。

教师自然应该以“成为泥土”作为理想，教师也不妨把培养泥土作为自己更为实在的奋斗目标。

这并非是对儿童的轻慢。因为天才是天生的，不待培养也无从培养。天才需要的是不遭压抑和戕害。

对社会而言，泥土自有产生、长育天才的功用和光荣；

对个人而言，泥土也自有泥土的快乐和幸福，那就是亲历美好事物在自己生命里的发荣、滋长——而非灰尘似的干燥、贫乏、肮脏、跛扈，任他什么好东西都不能在其中生根发芽。

元旦前学校举办迎新年合唱比赛，每班两首。一首为规定的校歌或国歌，一首自选。陈立新老师给五（2）班排的是《同一首歌》。陈老师悄悄告诉我："从一年级到九年级，《同一首歌》难度最大，辅导排练也最费力。《同一首歌》是我最喜欢的，我对这个班也有些偏爱。"

被称为"金色大厅"的音乐之友协会大厦，装饰精美，金碧辉煌。正厅两边的金色墙壁前，竖立着16尊大理石雕刻的音乐女神像。楼上两翼包厢后的金色大门口，放置着历代音乐大师的金色胸像。大厅顶上金色镂花梁柱间，画着音乐女神的彩像。在巨大吊灯照射下，到处金光闪闪。

"金色大厅为什么叫'金色大厅'？"

"金碧辉煌！""金色墙壁！""金色大门口！""金色胸像！""金色镂花梁柱！""到处金光闪闪！"学生纷纷道。

“呵呵，金色大厅的荣光照耀世界，金色大厅的乐声传遍世界，金色大厅之所以成为‘金色大厅’，真的就因为这些金光闪闪的外在的东西吗？”

“不！”

“为什么？请用书上的话回答。请将你认为重要的词语用重音读出来。”

> 每到新年，在“金色大厅”里都要举行世界一流的新年音乐会，奥地利总统和维也纳各界名流都要出席。一年一度的文化节期间，世界各地著名的音乐家也在这里登场。他们的精彩表演，吸引着成千上万的国内外观众。

“世界一流”“世界各地”“精彩表演”“成千上万”，这些词孩子们读得响亮而自豪。他们在体验、分享维也纳人的光荣和幸福呢。

其实，孩子是很可以为自己感到光荣的——因为他们是泥土，花树的种子可以在其间落地生根、发荣滋长的肥沃的泥土。

3月30日 / 星期一 晴

## 寻根之旅：《共工触山》

### 一、水火不容

“同心之言，其臭如兰。——《周易》”整齐有力的朗读戛然而止。

教师笑，举起《共工触山》。看封面，读书名。指着环衬，问：“这一排画的什么？”

“八卦。”“太极图！”

“满纸打底的是什么色？”

“土黄色。”

“对，土黄色。深沉、古旧的土黄色，正宗、大气的中国色！再看，这里的桃红、暗青分别表示什么？”

“阴和阳。”“青色是阴，红色是阳。”

“太阳叫太阳，月亮叫——”

“太阴。”

“万物生长靠太阳。但是，如果阳气太盛，天上竟有十个太阳，那就得——”

“后羿射日！”

“如果阴气太盛，没有阳光照耀，只有寒冷和黑暗，那也很可怕，于是就有了——”

“夸父追日。”

“看图，这叫阴阳合抱。阴阳合抱的意思就是阴阳调和，就是——”

“心平气和。”“生态平衡。”

翻过书名页。“哈哈！”“哈哈哈！”开心的大笑一浪高过一浪，魏鹏根本没法儿朗读。

“严肃点！笑什么笑！”教师喝道。

很多人举手发言：“他俩都长得圆溜溜的，好可爱。”“就像幼儿园小朋友。”“水神共工举着棒棒糖！”“火神祝融拿的是冰糖葫芦！”“他们像一对门神。”

“什么棒棒糖，什么冰糖葫芦，那是铜锤和钢鞭！你们怎么知道谁是共工，谁是祝融？”

“水神蓝色多。火神红色多。”

上周，教师特地请教美术老师。蒋莉说：“这是典型的装饰画。先勾线，再平涂。画面特别耐看的原因是：第一，就颜色而言，桃红、正红、蓝色、青色、土黄、纯白，这几种色经过精心调制、精心搭配，涂出来的效果厚重而不呆板，稚拙而不粗糙，活泼而不轻佻，传神却不狰狞。就构图而言，人物的头、脸、眼睛，兵器、铠甲、服饰，还有太阳、木排、星星，多是圆形、弧线—圆头圆脑是儿童的体型特点，也是儿童喜欢的形状—所以场面和人物都显得天真可爱，生机饱满。哦！构图和着色多么精巧大气！作为美术教师，看见的第一冲动就是通过投影仪，带领学生一起欣赏，一起品味。这样的图画看多了，人的视觉品位会得到提高，童心和民族情感也会得到养护。”

相传很早以前，天上有一个水神，名字叫共工。还有一个火神，名字叫祝融。水神共工非常凶恶。有一年，他和火神祝融打起仗来。

这是文字的第一页。大家笑够了，魏鹏终于可以朗读了。

…………

可是祝融更厉害，烧起熊熊大火，向共工反击，烧得共工手下的凶神焦头烂额，死去活来。

“水火不容啊！共工和祝融真是一对死对头！共工打不过祝融了，如果你是共工，你怎么办？”

“跑开！”“咬他！”“找帮手去！”“躲到男厕所！”“君

子报仇，十年不晚！”

果真是“水火不相容”。水神共工最后被火神祝融打败了。共工又气又恼，一头向西方的不周山撞去。

> 共工横着身子飞起来，将自己的身体当作一发炮弹，射向不周山。

“不周山是什么山？”

“擎天柱！”学生中间有几个知道的，他们自豪地回答。

“怒触不周山的结果是什么？”

“天塌地陷。”

“天塌地陷之后就发生什么事了？”

“女娲补天！”

“中国历史上，谁有共工的影子？”

“项羽！”

天崩地裂。水深火热。“猜，后面是什么？”

“所有图印在一起。”“换一种方式看，有没有新发现？”

果然。看小图，“天塌地陷”效果尤好。

再回头，重温故事和画面。“一共七幅图，一幅一字，我们概括全书。”

“打！打！打！烧！撞！裂！”

“灾！”末一幅是教师总结的。学生颇认同：“是啊，自己死了，也给人们带来了一场水深火热的大灾难！”

“猜，后面又是什么？”

“黄土地上的太极图。”

“太极图告诉我们什么？故事告诉我们什么？请用《全阅读》里的话回答。”

“天时不如地利，地利不如人和。”

“君子和而不同，小人同而不和。”

“梅须逊雪三分白，雪却输梅一段香。”

“二人同心，其利断金；同心之言，其臭如兰。”

## 二、水潦尘埃归焉

教师挂起小黑板，出示古文。“古书上的故事”——这是本套丛书的另一特色。同意编者建议：“妈妈读故事的时候，不管孩子懂不懂，都要把古文读给孩子听。”

因为生字是注了音的，所以不待教师范读，他们就径直放开了嗓门：

昔者，共工与颛顼争为帝，怒而触不周之山，天柱折，地维绝。天倾西北，故日月星辰移焉；地不满东南，故水潦尘埃归焉。

——〔西汉〕刘安编《淮南子·天文训》

解释似无必要。学生读了三遍之后，挂起第二块小黑板，朗读第二段古文：

当其末年也，诸侯有共工氏。任智刑，以强霸而不王。以水乘木，乃与祝融战，不胜而怒。乃头触不周山崩。天柱折，地维缺。

——〔西汉〕司马迁《史记·三皇本纪》

“关于共工触山的故事，在这里我们读到两个来源。《淮南子》记为神话，《史记》记为史实。你们更喜欢神话传说还是历史故事？”

学生争论。朱翔宇说：“我喜欢神话中的共工触山。因为神话能给我们更多启示。”

最后，教师带着全班依文韵而击掌。整齐响亮的节奏中，我们回环往复，一念再念，越念越高兴：

昔者／共工与颛顼／争为帝／怒而触／不周之山／天柱折／地维绝／天倾西北／故日月星辰移——焉／地不满东南／故水潦尘埃归——焉！

读过《夸父追日》，方子妍在日记里一字无误地默出了那一小段古文。今天反复唱念的“昔者共工与……”，是否也有孩子能够一字无误地记得呢？

《史记》《淮南子》是我们的根，“同心之言，其臭如兰”类的古训是我们的根——民族的根。喜欢听故事、喜欢看图画是我们的天性；贪恋美好节奏，贪恋悦耳声音是我们的天性——人类的普遍的根性。

“大河向东流啊，天上的星星参北斗哇！”全班齐唱。

皈依美，皈依趣，皈依族。水潦尘埃归焉。

# 4月 April

# 为什么我们需要乐善好施

4月7日 / 星期二 阴

## 也可以是白开水：《爱如茉莉》

讨论很热烈。所谓讨论，其实就是追问。最终的结果，不了了之。

1.“爱如茉莉”的意思文中出现了两次，第一次在哪里？

（读）妈妈寻思了一会儿，随手指着那株平淡无奇的茉莉花，说：“就像茉莉吧。”

2.“这也叫爱？”女儿咽下了不以为然的质疑，女儿不满意母亲的回答。女儿心中的爱像什么？

玫瑰！红玫瑰！鲜艳炽烈的红玫瑰！

3. 在结尾处，作者发出了怎样的感叹？

（读）哦，爱如茉莉，爱如茉莉。

4. 女儿的想法为什么发生了改变？

（读）病房里，那簇茉莉显得更加洁白纯净。它送出的缕缕幽香，袅袅地钻到我们的心中。真爱就是这样，爸爸和妈妈之间的恩爱就是这样。

5. 何出此言？文章哪些细节说明父母之间的爱如同茉莉一样平淡而芬芳？

爸爸出差回来，妈妈叮嘱孩子等爸爸吃完饺子再告诉爸爸自己生病了。爸爸呢，没有吃饺子就直奔医院，以后每天都去医院。爸爸知道妈妈喜欢茉莉，叮嘱女儿送茉莉花到病房。爸爸知道自己睡得沉，担心妈妈有事不叫自己，就趴在病床边，握着妈妈的手睡觉。妈妈害怕惊动爸爸，躺在病床上不敢动，一夜下来胳膊和腿都麻木了。他们都希望对方休息得好。

6. 作为孩子，亲眼看见、亲身感受到爸爸妈妈之间的恩爱，会是什么心情？

幸福。感动。

7. 除了幸福、感动，还有别的吗？

心疼。爸爸妈妈都没有睡好。他们一个眼里布满血丝，一个胳膊和腿都麻木了。这样不是长久之计。

8. 长久之计是什么？

（经过争论）长久之计是：按照医院规定，爸爸就睡在陪床上，妈妈答应爸爸有事就叫爸爸，妈妈也真的有事就叫爸爸。这样他们都能比现在睡得更好，这样妈妈就能更快更好地恢复健康。

9. 嗯，这确实是长久之计。如果那样做了，爸爸妈妈还恩爱吗？

恩爱。更正常、更平淡的恩爱。（教师：是的，那也是恩爱。更普通、更实在、更平淡的恩爱。就像无色无味的白开水。我们的日子也许可以终年到头闻不到花香，但我们的日子怎么可以终年到头喝不到白开水？！）

（读）妈妈睡在病床上，嘴角挂着恬静的微笑；爸爸坐在床前的椅子上，一只手紧握着妈妈的手，头伏在床沿边睡着了。初升的阳光从窗外悄悄地探了进来，轻轻柔柔地笼罩着他们。一切都是那么静谧美好，一切都浸润在生命的芬芳与光泽里。

10. 这是女儿踏进病房时的所见所感。她以为父母都睡着了。然而，事实的真相是什么？

他们都没睡好。他们都为了对方受罪。

11. 如果你是作者，你想对父母说什么？

爸爸，你还是到陪床睡觉吧，你这样整夜握着妈妈的手，她不敢动也没法睡，反而对她没有好处。妈妈，你要保证有事就叫醒爸爸，否则他也不敢踏实地睡。

12. 现在有两份爱，一份好像茉莉，一份好像白开水。你希望自己拥有一份怎样的爱？

施淑静：“茉莉。因为那样更能体现他们的爱。”

晏楚芸：“白开水。真的爱，是让双方过得更好；真的爱，不是表现给别人看的，没必要整得这么感人。”

13. 妈妈睡在病床上，嘴角挂着恬静的微笑。你们怎么看待这微笑？你们觉得这微笑真实吗？我们知道，僵卧一夜的妈妈，其实很不舒服。

真实。因为妈妈感受到了爸爸的爱。妈妈的心很甜蜜。

朱翔宇：“作者的爸爸经常出差，妈妈很少有机会这样和爸爸手握手地在一起。”

14. 他们夫妻很少在一起，所以，对于妈妈来说，被爱被握的感觉比舒服的睡姿更舒心、更滋润。谢谢朱翔宇，你为老师解决了一个疑惑。再回头！作者最初的疑问是什么？

“妈妈，你爱爸爸吗？”

15. 妈妈如何回答？

“死丫头，问些什么莫名其妙的问题呀！”

16. 于是有了迂回的第二次提问——

“妈，那你说真爱像什么？”

17. 其实，女儿最想知道的是什么？

妈妈爱不爱爸爸。

18. 这个问题有答案了吗？

有。妈妈深爱爸爸，爸爸深爱妈妈。他们之间的爱如同茉莉。

19. 你们有没有一样的好奇？一样的问题，你们有没有问过妈妈或者爸爸？

（全班齐摇头，似乎有些惭愧）没……没有。

朱翔宇：“我觉得我爸我妈他们是很好的，根本没有必要问，我也根本想不起来问。问说明有疑惑，问说明我不知道他们爱不爱。”

呵呵，“问说明有疑惑，问说明不知道他们爱不爱”——有道理！也许……也许作者是故意问着玩吧。时间有限，我们就讨论到这里了。

另：

4月6日22时22分，肥东梁园镇发生里氏3.5级地震，合肥地区有震感。政府通过手机短信和电视新闻向市民发出通告。有汽车的，比如小安，合家躲进私家车里；没汽车的，就带上金银细软，露天吹牛打牌。学生在水泥场上溜旱冰，享受前所未有的深夜狂欢。小商小铺生意空前红火，大发意外之财。

四小时后，人们各自回家。也有学生合家在草地上打地铺睡通宵的；也有学生听说“地震”立刻晕倒的；也有急切下楼，连滚三跤，磕坏牙齿去医院急诊的。

看云在21时30分睡觉，在床上感觉到了席梦思的震动。继而昏昏入睡。夜醒数次。全然不知短信、新闻及外面的热火朝天。以上所写，都是上班后同事所告。

4月8日 / 星期三 晴

## 将来的恋人、丈夫或妻子

“明天星期几？”

“明天星期三！”

“明天带什么？”

“《日有所诵》、日记！”

每个周二的下午，都演这样的对口令，师生皆乐此不疲。然而，还是有人忘这忘那。没说的，抄书！

今天，五个忘性大的家伙抄的是麦克阿瑟的《对儿子的祈祷》。

> 啊，上帝，请给我造就这样一个儿子，他将坚强得足以认识自己的弱点，勇敢得足以面对恐惧，在遇到正当的挫折时能够昂首而不卑躬屈膝，在胜利时能谦逊而不趾高气扬。
>
> 请给我造就这样一个儿子，他不会用愿望代替行动，将牢记你的教诲——认识自己是认识世界的奠基石。
>
> 我祈求，请不要将他引上平静安逸的道路，而要把

他置于困难和挑战的考验和激励之下。让他学会在暴风雨中挺立，让他学会对那些失败者富于怜悯。

请给我造就这样一个儿子，他将心地纯洁，目标高尚；他将在征服别人之前先征服自己；他将拥有未来，但永远不会忘记过去。

我祈求，除此之外，请赐予他足够的幽默感，这样他可能永远庄重，但不至于盛气凌人；赋他以谦卑的品质，这样他可能永远铭记在心；真正的伟人也要直率真诚，真正的贤人也要虚怀若谷，真正的强者也要温文尔雅。

那么，作为他的父亲我将敢于对人低语："我这一生没有白白度过。"

诵读泰戈尔的《商人》、麦克阿瑟的《对儿子的祈祷》、范仲淹的《渔家傲·塞下秋来风景异》、黄庭坚的《鄂州南楼书事》的中间，两名学生朗读日记。

### 茉莉加白开水

今天我们学习了《爱如茉莉》这篇课文，这篇文章让我懂得了真爱。

真正的爱不一定都像茉莉一样纯净疏淡，散发清香；真正的爱也会如同白开水，虽然极其平常，但更不可缺少，更珍贵。白开水一样的爱虽然平淡，但是这样的爱会让人感到长久可靠，茉莉一样的爱也一样不能缺少，因为茉莉一样的爱会让人感到温馨。

我认为，爸爸妈妈的爱如同茉莉加白开水。他们的爱时而像茉莉，时而像白开水，他们喜欢用一些平常的方式来表达对对方的爱，比如：爸爸给妈妈捶捶背，妈妈给爸爸倒杯茶……这些都是我看到的和我认为的，但是，妈妈的真实想法是什么呢？

吃饭时，我正准备问妈妈，却又把话咽了下去，因为我怕妈妈也会像文章里的妈妈一样，说我是一个“死丫头”！我思索好怎么问妈妈之后，就大大方方地开口了。我先把文章的内容简单地述说了一遍，然后说道：“妈妈，您看文中夫妻表达爱的方式，那……您是用什么方法向爸爸表达爱的呢？”

我的问题好似一股突如其来的风，妈妈一下子愣住了。她迟疑着，过了好一会儿，我等不及想知道妈妈的回答，于是问道：“妈妈，您想好了吗？”妈妈望着我，一本正经地说：“其实，我对你爸爸的爱是很深的，用语言难以描述，我们只是用一些小事来表达。就像上一次，我累了，本来说我要洗脏衣服，爸爸看我这么累，于是便帮我洗起了衣服。虽然这些都是小事，都不算什么，却表达了我们的真爱！”我听了，为爸爸和妈妈的爱所感动。

只有茉莉加白开水的爱才是最幸福的真爱！

郭乐的朗读让教师大为开心，大受鼓励。因为，郭乐把教师下节课要做的事给做掉了！

“先谈课文后提问，妈妈不得不回答，这个方法真妙！郭乐，你很适合做老师啊！一样的问题，还有谁回家问了？”

只有一个人举手。

“你妈怎么说？”

“我妈说，他们感情一般，没什么可说的。”

呵呵！

“今天回家，希望你们都能把《对儿子的祈祷》读给爸爸听。坚强得足以认识自己的弱点，勇敢得足以面对恐惧，在遇到正当的挫折时能够昂首而不卑躬屈膝，在胜利时能谦逊而不趾高气扬。他将心地纯洁，目标高尚；他将在征服别人之前，先征服自己；他将拥有未来，但永远不会忘记过去。除此之外，还有足够的幽默感！这就是真正的男子汉啊，这就是一位了不起的父亲对儿子的期望。男生们，你们就该用这样的标准要求自己！女生们，你们不妨用这样的标准来评判男性。”

再次布置作业，再次激情澎湃地宣讲。也不管能够完成的有几人，甚或一个都没有；也不管乃父的反应是积极、平淡，甚或听都懒得听。

苏霍姆林斯基教导说：面对儿童，我们时刻要记着他们是将来的父母。

面对五年级的孩子，我们还要记得他们是将来的恋人、丈夫或妻子。“绅士”“淑女”是我们常说的话题。将来，如果他们能够先以正确的尺度要求自己，继以正确的尺度选择异性，整个社会将更趋于健康美好。今天的努力也算结了果实。

这只是教师一厢情愿的期待和想象，然而为了让自己能够坚持做下去，教师必须在期待和想象中放大今日行动的意义。

4月13日 / 星期一 阴雨

## 有信才有恒：《纪昌学射箭》

喜欢这本书的图画。绢黄、深红、纯白、翠绿、浓黑的色彩搭配；或虔诚专注或潇洒飘逸的人物情态。连同枝头的小花，窗棂的木格，织妇的衣褶，童子的髻鬏——更不要说那翩飞的燕雀，每个细节都描摹得精微而不拘谨，富丽而不浮艳。这可是黄绢上的工笔杰作。

“盯住一个目标，眼皮一眨也不眨。”“把小东西看大了。”——眼神就是心神，如此执着用心，什么事情做不成呢？“离你最近的地方，路途最远，最简单的音调，需要最艰苦的练习。”（泰戈尔《吉檀迦利》）通过朗读，学生能够懂得这些，也就够了。课前教师想。

然而，没有想到——我早该想到的！图画书一旦在课堂上打开，好故事一旦交给学生讨论，学生就能给予教师更多启发。

“纪昌是个好徒弟。他听了老师的教导，问也不问，就一门心思练眼力。”

“学箭不摸弓，却让练眼力。多么奇怪！问都不问就去练——整整两年，练到针尖戳眼皮都不眨眼；整整三年，练到把悬虱看成车轮。万一教得不对呢？这个徒弟，是不是太死心眼了？”

“不是！”学生齐答，然后七嘴八舌，“因为他信，所以不问。”“因为他信，所以五年如一日地苦练。”“有信才有毅力。”

“纪昌是否盲信？”

“不是。”

“为什么？”

“飞卫是百发百中、远近闻名的神箭手。听他的一定没错。”

“可是，这个老师教得也太少了！他只说要盯住目标不眨眼和把小东西看大了，却不说怎么练。练的方法还是纪昌自己琢磨出来的，做老师的应该多教一点。”一个孩子表达他的不满。

“哦，徒弟是好徒弟，师傅是不是好师傅呢？”教师反问。

经过讨论，大家以为：只要真心学，有些事情的方法是可以自己琢磨出来的。要练盯住目标不眨眼，盯住织布的梭子可以，盯住水里的游鱼、天上的飞鸟也可以；要练“小看大”，盯住悬虱可以，盯住一粒豆子或者墙上的黑点也可以。重要的是有信念、有恒心、有毅力。在徒弟能够找到方法的情况下，就不该教给方法。因为只有自己琢磨出来的方法才是好方法、真方法。总之，这个老师太会教了！

“先练不眨眼，再练小看大。五年只教两回，五年只说两次话。两句话是不是太轻、太少了？”

“不轻不少。两句话是师傅一生心血和经验的结晶。”

“为什么不干脆一次把话说完呢？为什么两年之后才说要练小看大呢？”

“盯住目标不眨眼是小看大的基础。如果不眨眼练不出来，小看大就不必说了。”越讨论，我们越觉得飞卫了不起。

发讲义，《古书上的故事》。括号内为解词，给生字注音。

纪昌者，又学射于飞卫。飞卫曰：“尔先学不瞬，而后可言射矣。”纪昌归，偃卧其妻之机下，以目承牵挺。二年之后，虽锥末倒眦，而不瞬也。以告飞卫。飞卫曰：“未也，必学视而后可。视小如大，视微如著，而后告我。”昌以牦（牦牛尾巴上的长毛）悬虱于牖（窗户），南面而望之。旬日之间，浸大也；三年之后，如车轮焉。以睹余物，皆丘山也。乃以燕角之弧（弓）、朔蓬之簳（箭）射之，贯虱之心，而悬不绝。以告飞卫。飞卫高蹈拊膺曰：“汝得之矣！”

——〔先秦〕列御寇《列子·汤问》

因为看图听故事在先，他们读得兴致勃勃；因为看图听故事在先，很多字词比如“尔”“不瞬”“偃”，他们不教自明。教读，齐读，自读，急速读诵——一个个热情高涨。

古文和故事的细节有几处不大一样，学生也不介意。教师对末一句发生了兴趣：“高蹈拊膺！手舞足蹈，拍胸大呼，这是真正的欣喜若狂！飞卫为什么这么高兴？”

“徒弟也成神箭手了。”“纪昌信任老师。”“而且持之以恒地照老师教的做。”这是作为学生能有的理解。

“对于想学射箭的人来说，也许名师难求；对于身怀绝技的人来说，更是高徒难遇！而高徒，往往就是最让老师省心，最与老师心通的那一个。你们猜，拜在飞卫门下的人多不多？”

“多！”

“飞卫是不是都一视同仁地教他们？”

“是！”

“最终学成的多不多？”

“不多。”

“为什么？”

“他们不信。”“他们没恒心。”

“‘尔先学不瞬，而后可言射矣。’‘视小如大，视微如著，而后告我。’我再问一个问题！飞卫五年教两次，是不是太懒了？是不是应该多一些解释、鼓励和督促？”

“不用。学射箭就得吃苦，最重要的是信念与恒心。对于那些不信和没有恒心的，多说也是白说。”

“是什么成就了纪昌？”

“师傅宝贵的教导，还有他自己的信念与恒心。”

原来，这里有着深刻的教育学原理！当初怎么没有想到？

4月22日 / 星期三 晴

## 为什么我们需要乐善好施

各位，时间好紧张！工厂下班的号声就要响起，隔壁散会的脚步次第传来，这种氛围，对于我和各位都是一个考验。我不是一个能够战胜环境、心平气和的人，我希望自己能够在短促的时间里，把话说得明白通透。

越是急促越应该平和，我们先听一首歌。这是孩子们在课堂上经常听、喜欢听的英文歌——《心怀相信》！如果你们不信，我的发言将是白说。（板书歌名，播放歌曲。）

…………

4月18日，星期六的晚上，杭州讲学归来，吃饭的工夫，看见《第一时间》正在播放的“映山红大型公益募捐活动”，看见农村孩子渴望读书的泪眼。“我找爸爸妈妈要过，可是他们说家里情况不好。”“人家有书我没有，这种感觉，就像肚子饿了，眼巴巴地看着人家吃饭。”

一个真正的教师，怎能对此无动于衷？放下饭碗就去找书，否则我吃不下。

星期一，给学生讲了这件事，希望他们连续关注这项公益活动。我说："老师是热爱阅读的，老师也是倾尽心力推动阅读的。真心热爱阅读的人，最能体察无书可读的痛苦。如果阅读不能让我们变得更加善良，我们的阅读有什么意义？"

星期一下午开始，各种优质的图书源源不断地集中到我这里来。星期六上午，这些书将由金戈父亲集中送到募捐地点——省图书馆。今天星期三，上午照例查日记、读日记。郭乐同学读道："经过一阵翻箱倒柜的寻找，我终于选中了要捐的六本书。下午，背着沉甸甸的书包去上学，我感到心满意足。"

今天，在学生的日记中，我不止一次读到了"心满意足"，这让我感到心满意足！

最近正读《斯宾塞教育论著选》，其中的"德育"部分让我深受启发和震撼。世上就有这么巧的事，进教室之前，刚刚读到的是："人性有一条规律，注意它的人都容易见到，这规律就是：人们得不到较高的满足就去找较低的满足，没有同情中的乐趣就去找自私的乐趣。"

各位，我们在关注孩子成绩是否优秀的同时，也需关注孩子善根是否具足。如果您的孩子看到别人痛苦便不能安然处之，便有了非做一些事情不可的冲动，请为您的孩子感到欣慰和骄傲！因为他处在高级需要的层面，因为他拥有爱的能力，因为他已经出离自私自利的泥淖。这样的人，必将获得丰富而高级的爱；这样的人，必将时时感受到自己的强健有力。之所以称其为“泥淖”，因为自私自利归根到底是病态的痛苦，是一种永不餍足的贪婪，是一种穷到骨髓的贫乏。

贫穷和富裕，在很多情况下，其实是一种心态。世界上最值得同情的人，就是腰缠万贯却一毛不拔的铁公鸡。因为他们做了他们孜孜以求的物质利益的奴隶，他们完全丧失了自己。他们纵然腰缠万贯却从来没有享受过财富应当带来的自由感、责任感、力量感，更不要说奉献社会的功德感、幸福感！

善良是什么？善良是一种高级智慧。杜威在《民主主义与教育》里指出：“同情心作为一种良好的品质，不单是一种感情；它是一种有素养的想象力，使我们能想到人类共同的事情，反抗那些无谓地分裂人们的东西。”

一说到“反应迟钝”，我们首先想到的就是学习上的事，其实还有感情和道德方面的反应迟钝。那就是面对别人的痛苦麻木不仁，似乎一切与自己毫不相干。也许，应该用一个好懂的词来表达这种情感和道德方面的反应迟钝，那就是“情商低下”。

不可否认，情商低下的孩子也可以获得优异的成绩，但他们一点儿都不可爱。勤奋学习不是为了分数，而是为了在将来的工作和生活中使辛苦学来的知识得到发挥和运用。

我们都知道，现代社会是一个分工精细、讲究合作的社会。如今的世上，已经没有一个行业是不需与人合作就可以独自完成工作的。

作为成人的你们，一定知道健康温暖、坚实可靠的人际关系，对于事业成功乃至生活幸福是多么重要；作为父母的你们，一定希望儿子或女儿将来受到好老板的器重、好同事的喜欢。因此，如果你竟以为：现在只要读书好就行了；为人处世的道理，等到上大学甚至工作前再教他也不迟——这就大错特错了！

对于一个没有从小养成温良友善品行的人来说，临时教诲不是毫无用处就是让他做起来急功近利、虚伪造作，仿佛沐猴而冠。更不要说，这世上最早品尝、最多品尝自私自利的孩子所带来的烦恼和痛苦的，就是孩子的父母。

幸福是什么？归根到底，幸福是一种感觉，能爱因而被爱的感觉。幸福是一种关系，凭借日复一日、习惯成自然的温暖友善的行为所建立起来的个人与世界之间的温暖友善的关系。拥有这种感觉和关系的人，最可能心想事成。因为他们的利益、愿望与人类的共同利益和共同愿望是相通的。

感谢各位对孩子、对教师的支持。

愿孩子们个个幸福。

4月24日 / 星期五 阴雨

## “小羊希尔”系列和《动物绝对不应该穿衣服》

期中测验结束了，余下的两个多月的时间里，只有两个半单元的功课。时间如此富裕，自然要带着孩子多多听音乐，多多诵读、阅读和朗读。因为这些“多多”，教学将一如既往的紧凑，孩子将不至于懈怠散漫。

星期一，除了做读书汇报，还读了“小羊希尔”系列之《讨厌的大肥猪》。

“小羊希尔”系列来自法国，画面的精致风趣、耐人寻味难以用文字表达，这里只述内容。

先说《奇怪的小妹妹》，偏食的小妹妹凯琳只肯吃肉，饥饿时妹妹盯着哥哥希尔的眼神让人不寒而栗。结果呢，因为一个偶然的原因，妹妹爱上了卷心菜，变成了一只真正的山羊。

其道理说明：在一些另类儿童那里，他们对于“理应如此”“古来如此”的“本分”“责任”类的说教与规定天生憎恶，可是，一旦于完全宽松的环境、毫无戒备的心境与本分及责任发生邂逅，他们会以异乎寻常的热情拥抱“理应如此”“古来如此”。《铁杵磨成针》里的小李白，《我想去看海》里的卡梅拉，都是这样的孩子。

其道理还说明：对于每一个有自尊的人来说——无论他是儿童还是成人，意识到自己正在受教育，即将被教育，从而乖乖掏空自己，自愿注入好思想，是一种不能忍受的耻辱。这种教育的前提或者目的，就是让人否定自我、贬低自我。

人类发展最值得骄傲和最值得追求的成果，是一个个面容鲜活、精神丰富、信心满满的独具个性的自我。每一种居高临下的教育，无论其用意如何、结局如何，都是不可取的。最好的教育，是消融了教育和被教育界限的教育，是教育者同时被受教育者感染、教育了的教育——是给予人的独特经历、自我意识以充分尊重体察的教育。

在《神奇的小牧童》里，希尔睡不着的时候就数“一个小男孩，两个小男孩，三个小男孩……”然后，这些小男孩一个个胸前别着号码排队来到希尔跟前；然后，一只小羊开始尽职尽责地放牧一群男孩。一个几乎没有情节的梦想——不仅是孩子，相信每一个成人读了都会在忍俊不禁之余有一种翻身的快乐、颠覆的满足。

这类图画书的好处，就是借助想象，以艺术的形式，使深埋于人性中的复仇的冲动、颠覆的渴想得到缓释的发泄与实现，从而避免本能爆发带来的悲剧和过分压抑带来的扭曲。“东西街，南北走，出门看见人咬狗。拿起狗来打砖头，又被砖头咬了手。”儿童喜欢颠倒歌也是源于同样的理由。

《奇怪的声音》讲述的是希尔面对放屁的尴尬，这是每一个孩子都会遭遇到的。有着异味的奇怪的声音，就是从屁股后面冒出来的跳舞着的音符，多么有趣；亲子共读的时候，可以把一个个音符翻译成“噗噗”的屁声，多么有趣。

因为画面不够大，我们只读了《讨厌的大肥猪》。可见，看云的教育意识也是深入骨髓的。“今天是春季的第一天。每年这个时候，希尔都会到郊外散步，今天当然也要去的哦。”“今天是春季的第一天，希尔终于可以在郊外好好散步了。”首尾呼应的春光图让人感慨万端。首幅的烂漫春光显示的是理所当然的自然之美，结尾的春光烂漫则因为中间发生的事情，让人懂得自然之美的脆弱可贵。

自从有了人类，自从步入现代社会，干净美好的春天就需要经历干净美好对于肮脏丑陋的战胜才能存在。一不留神，世界就会变成垃圾场。在这里，作者用艺术的形式把自己对于“垃圾猪”的憎恨做了淋漓尽致的发泄。两头蠢猪终于被自己源源不断制造的垃圾淹没，并且被清洁工人连同垃圾一起运到他们该去的地方。

“随意制造垃圾的人，他们自己就是什么？”

“肮脏的垃圾！”

“肆无忌惮污染环境的人，他们其实都是什么？”

“讨厌的大肥猪！”

“看看地面，看看自己的座位，现在不许捡！凡是在自己身上找到大肥猪影子的，请站起来。”站起来一大片。

星期五读——其实是看《动物绝对不应该穿衣服》。

动物绝对不应该穿衣服。

因为，对于一只豪猪来说，穿衣服，是一个大灾难。

从看见封面的第一眼开始，随着画页的翻动，教室里的笑声一浪高过一浪。

因为，一头骆驼或许在不该打扮的地方，乱打扮。

一只双峰骆驼，扬扬自得地将两顶帽子戴在两个驼峰上。

因为，一条蛇会穿不上裤子。

一条绿蛇用尾梢挂着裤子的样子，好像是在用自己的身体放风筝……

“《动物绝对不应该穿衣服》，一本风靡美国三十多年的图画书。它用它在我们中间激起的笑声告诉我们：想象力，加上美术才能，加上对于动物特性的体察和了解——可以为这个世界创造出多么丰硕而洁净的快乐。顺便，也为作者带来源源不断的丰硕而洁净的财富！想不想接着写，接着画？”重读重看之后，教师发出了感叹和动员。

“想！”

“你的创意是什么？”

“小鸟绝对不能穿衣服，因为这样他们就飞不动了。”“蜈蚣绝对不能穿鞋子，因为这样他们就寸步难行了。”“松鼠绝对不能穿衣服，因为他们会被树枝挂住的。”“鱼儿绝对不能穿衣服，因为这样他们就无法快速游泳。”

附：

## 樱花猫

晏楚芸

樱花开得很旺盛，我采了一大把带回家插在花瓶里欣赏，一会儿不到，就掉了许多花瓣下来，我舍不得扔，就开始玩。猫咪不知道什么时候到了我旁边，我便用樱花逗它玩。谁知猫咪“啊呜”一口就把花瓣吃了。我很惊讶：“不会吧？花瓣也吃啊，会不会是冲着花瓣里的维生素C才吃花瓣的呢？”

我又把一片花瓣放在它嘴边，它也吃了，不仅吃了，还抢我手中剩余的，这个样子只能用“狼吞虎咽”来形容。我洗了一片，放在口中。哇，味道在变化着，先是苦涩，再转为清香。清香后，便什么味道都没了。猫咪为什么不吃那味道浓醇的月季，为什么不吃那芳香可口的茉莉，而是喜欢吃那淡淡清香的樱花？其实，猫咪只吃合自己胃口的东西，有的花瓣美，但吃起来大倒胃口；有的花瓣平淡无奇，但吃起来很合胃口。我们家的猫，应该就是那些吃花瓣的猫吧。当我的思绪飞到千里之外时，一阵微痛把我唤了回来。一看，哎呀——猫咪在咬我的手，再一看，天哪，足足半捧花啊，这么快就让它吃完了。这时我想：花有没有毒？在询问过妈妈后，我放心了。

晚上的梦，全是关于樱花的：一大朵一大朵的淡紫色的樱花盛开了，猫咪，也变成了樱花。一阵风吹过，猫咪变的那朵花，轻轻摇摆起来……

4月27日 / 星期一 晴

## 危险的过渡期：《人与动物》

《人与动物》，出自《全阅读》第五册，是一篇值得诵读的论述文。清新，蓬勃。阅读的感觉，仿佛听见“自然之子”梭罗赤脚站在未经污染的健康的原野，向人们，也向兔子、海獭、蜜蜂、鸟儿发表亲切有力的讲演。

你听说过/类似一只鸟站在枝头/为自己完成一半的小窝悲叹，并费尽心思地思考如何继续完成/这种事吗？你看过奇形怪状丑陋不堪的蜂窝吗？或是曾经留意/在这些小群体中/有任何类似人类的讨论举动，好似这些建筑师们/有什么不同的意见？

对于学生来说，这样的句式好新鲜！这样的问题好新鲜！连同结尾的诗歌在内，全文共九段。第一段总起，接下来的八段分别从三个方面开宗明义地说明观点。

“有谁读过这篇《人与动物》？”

学生沉默，面面相觑。

“为什么没有读？为什么竟没有一个人读？”

“它不是故事，不好玩，没意思。”

“是的，故事好玩，故事有意思——但！这是小小孩水平的好玩和有意思。五年级了，长大了的我们，应当尝试从非故事类的文字中得到新的、高一层次的阅读乐趣和阅读满足。你们以为，人和动物有什么不同？”

“人会思考而动物不会思考。”“人有感情而动物没有感情。”“人会使用工具而动物不会。”他们来兴趣了。发言，反对，争论——教室里热闹起来。

“梭罗，一个伟大的美国人，散文家、诗人、自然主义者、改革家、哲学家，其著作《瓦尔登湖》出版于 1854 年，150 多年来风行天下，不知出版了多少个版本。”教师一边说一边板书“梭罗”“《瓦尔登湖》”。“想不想知道梭罗的看法？”

“想！”

逐段朗读开始了。方法是梭罗式的极朴素的方法：一人单读，然后讨论，最后齐读。朗读、讨论俱是兴致勃勃。

通过朗读和讨论，学生知道：人与动物主要的区别在于前者有理性而后者只有本能。理性和本能的区别体现在三个方面：工具的使用；人会犯错误，而动物则因天赋本能准确无误的指引而从不犯错；动物永远不会有进步，而人类的知识、技能和成功却与日俱增。

> 和我们相比较，低等动物是更高明的医生。如果生病了，许多动物都能找来特殊的草药。它们并不把这些草药作为食物，但找来的草药却的确可以治愈这些病症。然而，整个人类医学界却可能花上整整一个世纪去争论某种特定药物的效能。

联系读过的《蝉的产卵和孵化》，联想《人与自然》《动物世界》等电视节目里看到过的种种奇迹，学生对于“动物本能”充满敬意。

然而，接下来的文字，旋即又让学生充满自豪。

> 鸟窝的结构的确堪称完美，19 世纪燕子筑的巢和诺亚方舟椽上的巢比较起来，几乎完全一样。但如果比较原始人的挑战屋和古希腊罗马的寺院宫殿，我们就能发现人类的错误，经过纠正和改进，是如何指引我们前进的。

读到这里，不免要说说“诺亚方舟”“和平鸽”。对于“面向未来、面向世界的新一代”，这些都是起码的常识。

因为心情好，教师亲自朗读结尾的诗歌：

> 当太阳掩盖了金色的光辉，

一句未完，他们激情澎湃地跟进。于是师生齐诵：

> 当太阳掩盖了金色的光辉，

深深地沉入永恒的黑夜；
当狂野毁灭的火焰在天空中升腾，
当死亡在放肆地狂笑，自然濒临灭绝，
人类将会独自存活于世界的遗骸中，
在这坠落的星球上，人类永存。

这让教师倍感欣慰与自豪。杜威说：“如果教育没有成功地使诗歌成为生活的一个资源和闲暇生活的手段，这种教育就是有缺陷的。否则诗歌只是矫揉造作的诗歌。”

人类是否可以，是否应当独自存活于世界的遗骸中？这是很需要讨论的。毕竟，梭罗当时面对的世界和今天已大不相同。

最后一个问题是临时想到的。“当人类停止犯错误，开始从教训中受益时，他们的生命也已消耗大半。李时珍行万里，尝百草，几乎耗尽一生才写成了《本草纲目》。那么，他的努力是否有意义？”

“有意义。”

“为什么？”

“他写成了《本草纲目》，后人就可以在《本草纲目》的基础上继续前进。”

“所以说，书籍是——”

“书籍是人类进步的阶梯。”

“现在，你们还觉得《人与动物》不好玩，没意思吗？”

“很好玩，很有意思！”

上周三的家长会后，有位母亲告诉我，一向酷爱阅读的女儿最近不太喜欢读了。教师猜测：除了自然发生的周期性的懈怠外，一个可能的原因是童书已经不能满足孩子的胃口，她需要更新鲜、更营养、更有嚼劲的阅读。然而，更新鲜、更营养、更有嚼劲的阅读对比习惯了的童书阅读，就像攀登之于散步，孩子需要牵引和鼓励才能开始新的上升。

五年级了，长大了的他们——在今天，也许只是个别佼佼者，需要尝试从非故事类文字中得到新的、高一层次的阅读乐趣和阅读满足。这些孩子正处在彷徨寻觅的过渡期。“一切过渡都是危险的。”斯宾塞如是说。

感知过渡期的来临，满足过渡期的需要，伸出臂膀拉一把，推动孩子勇敢地迈上精神发展的新路程，这是师长的责任。否则，喜新厌旧但又无力独自跨越障碍的心灵可能滑进黑暗的沟渠；否则，即将进入青春期的学生可能被貌似“情感小说”“青春读物”类的垃圾蛊惑吞噬。

过渡期的孩子往往容易厌学或变坏，这些孩子的厌学或变坏，又往往由于教育者无视、压抑他们真实的精神渴求。面对以考试为名强行灌输的陈腐无聊的知识的碎屑，反叛的孩子可能比乖孩子更健康，更具生命力。

4月28日 / 星期二 晴

## 惭 愧

魏 鹏

上星期薛老师看了《第一时间》的“映山红活动”，立即找来许多图书准备捐赠。薛老师希望我们也踊跃参加募捐活动。我们班60名学生有44人捐赠，16人没有参加。我很惭愧自己没有参加。

但是我就是没有参加，这是铁一般的事实。为此我做了检讨，我问自己：是不是没有爱心？是不是只有低级的满足？是不是没有高级智慧？是不是情商低下？是不是我的利益和愿望与人类不相通？这些问题我都一一作了回答，但是我仍然十分惭愧。我想，明年的“映山红活动”我一定要参加。

今天，老师把家长会上的发言打印在了纸上。纸上写道：“幸福是什么？归根到底，幸福是一种感觉，能爱因而被爱的感觉。幸福是一种关系，凭借日复一日、习惯成自然的温暖友善的行为所建立起来的个人与世界之间的温暖友善的关系。”

读完信的所有内容以后，很快就下课了。有人说，老师让我们读这个不就是针对我们这些人的吗？我想也许是吧！但是老师也许是为了让我们早点改正吧。

直到现在，我依然觉得惭愧，不知道其他没有捐书的人，有没有感到惭愧。也许他们也感到了。下一次的“映山红活动”我一定会参加。我会把这件事牢牢记在心中。

附魏鹏父亲魏先兵日记：

上个星期三的家长会我上白班没有去，妻子去参加了。回来的时候向我们介绍了开家长会的情况。其中薛老师表扬了魏鹏爱摘抄，并奖励了部分家长图书。

说到捐书，我那天看到魏鹏翻出了十几本书说要捐出去。我对他说：“找一两本捐出去就行了，关键是这份爱心，并不在乎捐多少本。你也是农村孩子，你的图书也不多，有的书可能你还没有消化。”说了他两句，他气呼呼地上学去了。

过了两天，我问他“可捐书了”，他说“没有捐”。事情已经过去两天了。这次是我不对，打击了他的积极性和爱心。我想下次一定要再补上。

5月
May

# 熟粽叶的色香

5月3日 / 星期日 晴

## 由《放牛班的春天》想到的

五一放假三天，在家安安静静看了四部电影：《闻香识女人》《放牛班的春天》《钢琴师》《玛莲娜》。

最难忘的是《放牛班的春天》。马修终于被暴戾的校长革职驱逐了，比起《音乐之声》，这样的结局灰暗了些，然而更真实、更有力。

比起《死亡诗社》里的基廷老师，我更喜欢马修。落魄单身的他在校长的斥骂、学生的捉弄中顽强地坚持着自己的教育信念和音乐理想。

“我，马修，一个作曲家。我知道，我的学生将唱我谱写的歌。”夜深人静的时候，卑微失意的他在写日记。

马修谱写并且教授、排练、演出的那些关于圣母、暗夜、黎明、希望的颂歌何其动人啊——合唱的雾霭散尽，莫朗天使般的独唱如一线粉红的晨曦，柔和明亮地升起。

“滚，现在就滚！不许跟学生道别。”暴戾者总是胆怯的。只顾自己升迁，不管师生死活的校长尤其如此。

“就这样离开吗？多么希望有一个人违反校规来送我。然而没有，一个都没有。唉，走吧。一切都结束了。”没有一个人送他。因为音乐，学生已经变得守规矩。这是校长的体罚、禁闭和强迫劳动都不能做到的。

事已至此，马修应当感到欣慰还是悲伤？显然，此时的他是孤独脆弱的。其实，马修一直是孤独脆弱的。在冷酷麻木的环境里，同情柔软的心必感孤独脆弱。

寂静空阔的路上，马修失望地仰望教室。突然，窗口射出很多纸飞机，如骤然绽放的洁白的花。展开看时，每一张都写满祝福和感谢。这与《死亡诗社》的结尾颇为不同。

对比站上桌面呼唤“船长啊，我的船长”，这样的送别，少了青春的反抗和愤懑，多了童心的柔软与浪漫。更艺术，更音乐，更儿童——也更让人感到欣慰、放心。

手机关了，座机拔了，窗帘拉上了。看这样的电影，必须安安静静，专心致志。因为你看电影的时候，电影也在看你。如同你听音乐的时候，音乐也在听你。

你的浮躁或是沉静，浑浊或是清澈，贫乏或是丰富，干枯或是润泽，粗糙或是细腻——都在你听的时候被听见，从而毫厘不爽地在你的心灵如此如彼地回响。

当你听得美好体验的时候，音乐听见了美好的你。“瞽者无以与乎文章之观，聋者无以与乎钟鼓之声。”如我这样凭着一点粗浅而真挚的喜好，从而常年和孩子一起听音乐的人才能知道：电影讲述的音乐故事——“石池学校儿童合唱团”令“无药可救，有如池底沉石”的贫苦的问题儿童发生变化的故事多么真实。

蒙丹凶暴倔强的眼神令人既憎恶又同情。作为团里“唯一的低音”，如果没有离去，其结局会是怎样？无人得知。也许他会变好，也许他会毁了合唱团，甚至害了马修。音乐并非万能。《放牛班的春天》充分展示了音乐的力量，却没有将这种力量演绎成神话。电影于是具有开放性和开放带来的更为丰富的启发性。

最初听歌，是为了让孩子被拼音蹂躏得干燥疲惫的心得到休息，即为了辅助教学、生成秩序，本没想到会一直听下来。可是秩序一旦生成，教学便高效；教学一旦高效，便有时间、有兴致听音乐了。

还记得一年级的时候，盛建福荣给我写信，请求完整地听一遍《梁祝》。那时我才意识到，童心是多么柔软和易于塑造。不知不觉，课堂上的音乐已经成了孩子们的需要——高级需要。这种需要的产生和满足，又和诵读、阅读一起，使班级风气变得清新健康，学生气质趋于温煦纯良。

“书香班级少是非”，看云一向如此说。现在，还要在此基础之上加一句：“爱乐班级易教养。”

“老师，我有一个请求，希望您能满足。那就是我还想再听一遍《生查子》。”施淑静在日记中说。这个家境贫寒的农村孩子，无法像同学那样上网下载歌曲，或者买CD碟片。去年听的“第一首歌”是《人约黄昏后》，现在，他们在《日有所诵》里诵到了“歌词”，知道那是欧阳修的《生查子》。

上周三，学了李煜的《虞美人》、杨万里的《闲居初夏午睡起》。“诵读告一段落，让我们休息休息。”学生知道这是什么意思，他们舒服地伏在桌面，等待着。揿钮，哀绝凄婉的前奏过后，歌声起来——邓丽君清清楚楚地唱道：“春花秋月何时了，往事知多少？”

孩子一个接一个地抬起头，看看教师，又看看“面包机”，目光里满是惊喜！“小楼昨夜又东风，故国不堪回首月明中！”歌声继续，他们又伏在桌面，心满意足地沉浸于凄怆然而甜美奇异的歌声中。

“时间还有富余，我们再听一首。”悠闲明快的弹拨乐前奏一起，他们就笑了，然后轻轻跟唱："去年元夜时，花市灯如昼。月上柳梢头，人约黄昏后。"自在地踱着步，教师没有看施淑静，因为不想打扰她。

刚刚读完斯宾塞的《论音乐》，因为他的论述，看云知道：音乐能够让人变得高尚、有修养的原因在于它通过共同享受的即时幸福和聆听之后的潜移默化，增进人们的同情心、一体感。而同情心、一体感，又必使灵魂因为对于他人生活体验的感同身受而变得丰富、柔软、细腻。《钢琴师》里，冒死帮助钢琴师度过最后艰难的，居然是一个热爱音乐的德国军官。他被这个命悬一线的艺术家的演奏深深感动了。这真是一个耐人寻味的特例。

又及：

在《论音乐》中，斯宾塞就音乐对"感情语言"的影响做了充分论述。其实，音乐对于语言的影响何止于"丰富了语调"，音乐（即对悦耳的追求）还直接影响了言词的组合甚至产生。

汉语特有的双声词、叠韵词就是例证。在观念既定的前提下，语言的最高境界是富于乐感。也只有富于乐感的语言，才能使观念插上翅膀，播下种子。

这里的乐感，是既定语句的言说语调，更是发言写作——在其出口落笔之前——对于言词的选择、组合和创造。一代思想和文学大师鲁迅，每每都是新词的创造者。所以如此，并非有心标新立异，实在是因为旧词已经不能满足他们新鲜蓬勃的表达需要。

看云疑心，斯宾塞的认识局限与他过迟学会阅读有关。这个在理智上懂得音乐的百科全书式的教育家，其实并未在绝佳的年龄，经由阅读体验到语言本身的音乐性。现将斯宾塞观点综述如下：

一切言语由两种成分合成：言词和言词发出的语调——观念的符号和感情的符号。某些发音表达思想，某些声音表达或多或少的痛苦或快乐。口语是具有双重性的，说话的语调比言词更加重要。有时候言词和语调直接矛盾——言词表示同意，而语调则表达反对。我们应当相信后者而不相信前者。

言语的这两种不同但又交织着的成分，同时发展。一方面词汇在增加，新的词类在引进，句型也变得更加丰富多样；一方面开始了新的变音、新的间歇，声音的抑扬变得更加复杂。如果说理智的语言是一种生长的东西，那么感情的语言无疑也是一种生长的东西。音乐的功能在于促成这种感情语言的发展。

音乐文化所发展和精炼的感情语言，使理智用来表达它的观念的呆板的词语有了生命，从而使得听者不仅了解它们伴随的心理状态，而且参与了那种心理状态。总之，它们（音乐和感情语言）是同情心的主要媒介。

附：

## 我喜欢听音乐

鲍秉轩

我们的薛老师最喜欢给我们听音乐了。这段时间，她一直在给我们听那些古典的音乐，比如：贝多芬的《致爱丽丝》《命运交响曲》。还有莫扎特的《土耳其进行曲》，等等。这些音乐都很好听，其中，我最喜欢的是《命运交响曲》，海顿的《惊愕交响曲》我也很喜欢。

我叫妈妈给我买这些碟片，可是妈妈说："在网上听得了。再说，我们家的DVD也都坏了。"我只好盼望着老师能多带我们听音乐。

我的愿望是能够把《土耳其进行曲》完整地弹下来。我已经会弹一部分了，但还是不太熟练。因为我没有完整的《土耳其进行曲》乐谱，只有一点点，而且，我又不知道在哪里可以买到这种乐谱，所以只会弹那么一点点。

我听到这些音乐，浑身便像通了电似的，兴奋得不得了。但这种兴奋太少了：我们家的网络太卡，过一会儿缓冲，过一会儿缓冲的。

听了这些音乐，我发现流行音乐不再那么好听了！

5月6日 / 星期三 晴

## 读《西顿野生动物故事集》有感

晏楚芸

狼的一生，短而充实。有些狼就在这些时间里干了许多坏事。认识了狼王洛波，就知道了狼的智慧。狼王洛波非常狡猾，吃鸡偷羊，无恶不作。它用自己的机智躲过了一个又一个的陷阱。它的妻子“白姐”可没它那么幸运，一不小心踏中人类的机关，被人类活活勒死。狼王为了找它，翻山越岭，最后绝食也去了天堂。

一头干尽坏事的狼死了，在兴奋之余，大家感到心里隐隐作痛。为了深爱的“白姐”，它不知翻了多少座山，跨越了多少个草原。这是和《泰坦尼克号》一样惊天地、泣鬼神的爱情。真没想到，在狼之间也有这样的爱，正所谓“问世间情为何物，直教人生死相许”。这是夫妻之情。我希望它们在天堂里过着有“白开水加茉莉”的爱的生活。

而豁豁耳的故事，则是母子之情。豁豁耳是一只小兔子，它有一次遭遇了黑蛇的骚扰，在妈妈毛丽的帮助下，它逃了出来。不过，一只耳朵被黑蛇扯破了，便有了这个名字。后来，狐狸来了，毛丽为了引开狐狸，跳入河中。豁豁耳得以跑掉，而毛丽却冻死在了河里。

一篇篇感人的故事，都是关于动物的。里面的动物，最后都死于非命。有的被吃了，有的被打死了。我最喜欢洛波，一只干尽坏事却真爱妻子的老狼，用生命换来了夫妻团圆，用绝食表达爱情和尊严。虽然洛波先前的罪过数不胜数，但它对妻子的爱却换来了我们的同情和泪水。西顿用动人的笔触再现了那一幕，用深情的笔调表示了洛波对妻子的热爱和无奈。

通过这本书，我更深刻地了解了动物。

5 月 10 日 / 星期日 晴

## 《静悄悄的夜晚》导读：真正的夜晚，真正的浪漫

一个单纯得几乎没有情节的故事，一个浪漫得让平常日子漾出诗意的故事。

再普通不过的天台，再普通不过的人家。白天，母亲在那里忙碌，小姐姐在那里看书、浇花、与小猫嬉戏；晚上，父母弟妹都睡了，女孩却醒着。她在谛听，她在寻找：

这就是夜的声音吗？
温暖的呼吸声，
唔，那是爸爸妈妈发出的。

这就是夜的声音吗？
香甜的呼吸声，
嘿，那是弟弟妹妹发出的。

这些当然都是夜的声音！然而对于一个生命力格外旺盛、探求欲格外强烈、感觉格外灵敏、灵魂格外新鲜的孩子

来说——这些答案远还不够。于是女孩接着谛听，接着寻找：

她支棱着耳朵，独自躺着，怎么也睡不着哟！

我们每个人都是偶然荣谢的花叶。自然是永恒的生命之树。当你谛听自然的时候，自然也必听见你的谛听，也必回应你的谛听：

呀，那到底是什么呢？
悄悄的、麻酥酥的——
原来是一阵微风！
从窗子那儿飘进来，
真正夜晚的微风哦！

这是根对叶的回应，这是树对花的呼唤。听见呼唤的女孩开始忙碌：带上松软的枕头，带上可爱的床单，带上暖和的大毯子，在调皮的微风的牵引下，一点一点往上走啊，走啊……一直来到了天台。在天台上，她和微风一起融入夜色。

唔，这才是真正的夜晚啊。

在真正的夜晚，女孩仿佛第一次“看见”所在的城市、周边的山河；在真正的夜晚，女孩前所未有地热爱这个世界；在真正的夜晚，女孩产生了拥抱一切的冲动。这一刻，女孩拥有了爱的冲动与能力——在爱里，她将不只是承受者、接纳者。

她出神地望着天空，

慢慢地，慢慢地闭上了眼睛。

就这样，女孩在与月色、水光、山影的相拥中沉沉入睡。一颗看似躁动其实渴望宁静，看似顽劣其实格外温软的小小的心，终于融入世界最深的宁静、最甜的温软中。

卧室通往天台的路，也是一条独特的成长之路。父亲母亲睡在一张床上，弟弟妹妹睡在一间屋里，焉知作为长女的她没有隐约的孤独？然而，一次次真实的成长就是一次次断奶的体验。当她在月光下的天台上找到安宁与酣眠，一觉醒来的她，必比昨天的那一个茁壮、独立。

母亲是浪漫而精细的。母亲起身，正好孩子抱着寝具上楼——最好不要将这一幕看成偶然。最好这样认为：母女连心，母亲对于孩子的渴求有所感应，所以她才“恰巧”在那个时候醒来，所以她才悄悄跟上天台——看着孩子睡着。

就这样，她睡着了，

在这个静悄悄的夜晚……

跟前跟后的猫咪蜷在被子上睡着了。一路尾随的母亲则坐在孩子身边，一手端茶，一手抚被，久久凝望着月光。这个平凡、慈爱、智慧、浪漫的母亲，她在想些什么？也许她什么都没有想。孩子因为风的牵引融入夜晚，母亲则因为孩子的牵引——回到童年。

日光明亮，日光使万物各自斑驳绚烂成为自己；月光朦胧，月光使万物只以轮廓融而为一。在这里，黑白画面给人带来的特殊的温馨感、一体感是彩色画面不能替代的。

突然想到《月光男孩》，另一本关于夜晚的神奇的图画书。我想：听见过夜的呼唤，在“真正的夜里”睡过的孩子，更可能随口讲出那样的故事，更可能精心绘出那样的图画。至少，更能充分享受《月光男孩》带来的奇异的幸福。

在这春末夏初的夜晚，户外常是花香袭人、好风如吻的。我不知道有几个成人在看过《静悄悄的夜晚》之后，如我一样地起了就在草地上躺一躺甚至睡一觉的冲动。

一千件无聊的事天天在发生，为什么这样一件事不能够偶然实现呢？（泰戈尔《新月集·英雄》）

真正的浪漫其实很日常。日常的浪漫才是真浪漫。

5 月 13 日 / 星期三 晴

## 赛诗会及撒种的比喻

（　　　）同学，《日有所诵》64 首古诗词全部会背，可以参加年度赛诗会。

此为报名单。家长填写并将后面的话抄了交来，就算取得参赛资格。取得参赛资格的，暑假免于抄写 64 首诗词（2 遍或 3 遍未定）。特要父母代为报名，意在希望他们督促孩子温习。

陆陆续续，收到 50 份报名单。真真切切都是孩子父母的手迹。有不少孩子平时抽查从来不能背诵，于是点诗抽查可疑分子，一首不行再来——直到他们承认“不会背，需要抄”。如此看人点菜，一共点下 13 人。

预赛为笔试。37 人默写李煜的《捣练子》和苏轼的《赠刘景文》，一首完全正确，就算通过预赛。“砧”“帘栊”“擎”“橘”——5 个生字撂倒 21 人，16 个进入复赛。

教师点题，学生背诵。紧张而又风光的复赛开始了。几个来回之后，台上巍然屹立着怎么也问不倒，几乎倒背如流的 8 个。如何再决出胜负呢？

“笔试！还叫他们默！”在一片不怀好意的呐喊中，教师让他们在黑板上各默一篇。几分钟后，结果出来了：一字无误、并列第一的有三个：胡婧怡、方子妍、张悦媛。其余五人获二等奖。

复赛场面十分火爆，见同学在台上侃侃而“诵”，很有几个要强的孩子在下面黯然神伤。直到比赛结束，鲍秉轩还在悄悄抹泪。他可是上学期的一等奖获得者呢。

“你们每一个，尤其是会背却没能进入复赛的，通过今天的经历或者遭遇，记住了什么？”

“不动笔墨不读书！”

“口头禅没有用！一定要落实到行动上。”

不动笔墨不读书——现阶段指遇到生字写几遍，只有到了五、六年级才能这样要求。过早提倡，会妨碍孩子的诵读热情。正如要求遇到生字就查字典会破坏了阅读的流畅感、快乐感一样。

没有报名及取消资格的 23 人，即便回家完全不看，即便父母铁了心欺骗教师帮助孩子蒙混过关，即将过去的一年里，他们也将 64 首诗词在舌尖上滚过、在耳鼓里震过十多遍。对于很多孩子来说，如果不是诵读课，一辈子，他们都不可能在教材之外主动念诵一首诗词。

胡婧怡在日记中写道："我一篇一篇地默写，妈妈帮我检查。发现一个错字，就把错字所在的那一句重写三遍。"

孩子是草、树或花，教师的引导和要求，如同普降的春雨，能够吸收多少，能够长得怎样，全看孩子自己——家长自己了。只能这样。

又一次想到《圣经》撒种的比喻。

有一个撒种的，出去撒种。撒的时候，有落在路旁的，飞鸟来吃尽了。有落在土浅的石头地上的，土虽不深，发苗却最快。然而日头出来一晒，因为没有根，就枯干了。有落在荆棘里的，荆棘长起来，把它挤住了，就不结实。又有落在好土里的，就生发长大，有结实三十倍的，有六十倍的，有一百倍的。

附：

## 不动笔墨不读书

鲍秉轩

今天上午，五（2）班举行了第三次赛诗会。前两次，我都获得过冠军。一次是拿了一本图画书《达尼要反抗》，第二次是拿了铁棍山药。但这次与众不同，这次老师说，既要赛背，也要赛写。因为老师看我们平时把"不动笔墨不读书”挂在嘴边，可行动上做不出来，所以老师这样决定。

写呢，就写了两首诗，分别是《捣练子》和《赠刘景文》。我全给它写出来了。背呢，背了五首。这五首分别是：《苏幕遮》《忆江南》《垓下歌》《陇西行》和《蒹葭》。背第五首时，一个字的音背错了，被淘汰了下来。男生就是不行，一共就上了5个男同学。刚背了几首，除了我，全部下了，我只好孤军奋战。男生们用一张纸，正面写上“加油”，反面写上“没油”或“下台”，到我背时，他们亮出正面；到别人背时，他们亮出反面。

一下课，教室乱成一锅粥，到处都是为自己喜欢或偏向的那一方加油的。不知道是哪个带的头，竟在黑板上写了起来。什么“男生加油，女生减油！”“鲍秉轩加油！”到处都是。

可我却输了！我觉得很对不起那些为我加油的男生。放心吧，下次，我将获得冠军！耶！

5 月 18 日 / 星期一 晴

## 影视评说及啃读《三国》

第六单元“口语交际”的内容为“影视剧评说”。上周四，教师先就《放牛班的春天》和《钢琴师》口述观后感，然后布置学生当堂写作观后感。

一是有读书笔记做底子，二是有教师口述做样板，习作质量挺高。今天早自习，10 名同学登台讲演。这些孩子及所评影视片分别是：郭乐，《士兵突击》；韩玉琤，《烟花》；晏楚芸，《暖春》；金佳岷，《中国兄弟连》；刘智良，《李小龙》；苗慧婷，《我的丑娘》；王方波，《汉江怪物》；马静婷，《长江七号》；邢虎威，《亮剑》；姚剑强，《集结号》。

上周朗读《空城计》。“《全阅读》第五册共有《三国演义》选段 12 篇，在家看过，哪怕只看过一篇的，请举手。”三名男生举手。“在家发声读过，哪怕只读过一段的，请举手。”无一人举手。这便证明：教室里的带读是必要的！

范读，齐读（两遍），点人读，再齐读。整体读顺了才往前走，就这样一节一节往下啃。《空城计》我们啃得好吃力——师生都出汗了。

“诸葛亮生平不曾弄险，所以他的空城计成功了。诸葛亮真聪明啊！司马懿看毕大疑，教后军作前军，前军作后军，望北山而退。这一幕多么有趣啊，想想都觉得好笑！”

“他（她）真____”是第六单元测验作文题，宋振亚的《他真聪明》颇精彩。这是一个课堂表现向来木讷的孩子，他的习作让教师受了鼓舞。

今天第一节课还是语文。整整一节课，我们“青梅煮酒论英雄”。两段共八百多字，教师将挺长的第二段分为三节。范读，齐读，单读，再齐读。一节一节往下走。程序依旧。朗读敷衍罚抄依旧。简单有如进行曲的程序里，透着志在必得的坚定。天道酬勤，工夫没有白费。今天省劲多啦：

> 酒至半酣，忽阴云漠漠，骤雨将至。从人遥指天外龙挂，操与玄德凭栏观之。操曰：“使君知龙之变化否？”玄德曰：“未知其详。”操曰：“龙能大能小，能升能隐，大则兴云吐雾，小则隐介藏形，升则飞腾于宇宙之间，隐则潜伏于波涛之内。方今春深，龙乘时变化，犹人得志而纵横四海。龙之为物，可比世之英雄。玄德久历四方，必知当世英雄。请试指言之。”

学生——尤其是那些灵光的男生，一个个扬眉瞬目，摇头晃脑，做纵横四海状。而众人感觉都已不似《空城计》开场时候的费力拗口了。费劲是必然的，费劲的都是上坡路！拗口是必然的，拗口是习惯了软食的牙齿初啃骨头的必然反应。然而时候到了，就该带着他们啃。

附：

### 《亮剑》观后感

邢虎威

“八路军怎么会出叛徒呢？”听我这口气，就知道我一定是在看军事片，而且是在看《亮剑》。

本片的主人公叫李云龙。这个片子的名字是因为一段话而来的：“你遇上了世界上的第一剑客，你明知是死，也要亮出你的宝剑，这就是亮剑精神。”这李云龙经常以弱胜强，战胜似乎不可能战胜的敌人，靠的就是亮剑精神。“你虽然号称最强，但在决斗结束之前，你如何知道你就真的比我强？”就是靠着这种亮剑精神，李云龙成了军长。

他的政委赵刚在刚来的时候老是受到李云龙的排斥。第一次战斗，赵刚就告诉李云龙说他不是一个白面书生，而是一名军人。结果李云龙做到了师长还要求赵刚做自己的政委。

段鹏和外号叫作“和尚”的两个战士我十分喜欢，还有李云龙的副团长我也很喜欢。

日本人的表现也有让人震撼的地方。李云龙伏击观摩团后，日军只剩下几名军官，可他们不肯投降，而是跟李云龙一对一地拼刺刀，虽然他们之后全都战死了，但也算死得硬气。

逢敌必亮剑。就是死在剑下也是虽败犹荣。当战争爆发的时候，我们就该亮出自己的宝剑。因为“单靠愿望是不可能得到和平的”。

## 《李小龙》观后感

刘智良

又是李小龙的怪叫传来。李小龙获得了全美武术冠军，高高举起了奖杯，这时，李小龙的名字在美国已经是家喻户晓，一夜之间他就成了闻名世界的武术大师，他让全世界知道：中国人不是“东亚病夫”。

李小龙刚到美国的时候，因为没有钱，在一家工厂打工。由于李小龙干活认真，工作效率高，老板每次都给李小龙加薪水，其余的美国同行看不下去了，想用暴力整治李小龙，让他不能干活。可是他们没有想到李小龙武功高强，他们一伙人根本不是李小龙的对手。一个美国人对李小龙说：“小兄弟，你干活太卖力了。老板都是克扣我们的工钱来给你加薪水的。我家很穷，这样下去实在养不起家啊！”李小龙听了很受触动，就把自己的薪水都给了那个穷苦的美国人。

李小龙能够在功夫上突飞猛进有两个原因：一是他学习了哲学，从中得到很大启发；二是因为他每次与别人比武，即便胜利了也要向对方请教。他在虚心向别人学习的同时，也很热心地向别人传授自己的本领。

我的感想是：李小龙有决心、有信心、有耐心。正所谓铁杵磨成针，功到自然成。只要坚持，定能水滴石穿。

5 月 20 日 / 星期三 晴

## 关于缩句

月亮出来了，安详地吐洒着它的清辉。| 月光洒落在长江里，江面被照亮了，流动的江水中，有千点万点晶莹闪烁的光斑在跳动。| 江两岸，芦荡、树林和山峰的黑色剪影，在江天交界处隐隐约约地伸展着，起伏着。月光为它们镀上了一层银色的花边……

这是《望月》要求背诵的部分。赵丽宏的这一段也确实值得背。

每要背诵，必划层次：月出—江面—江岸。不仅如此，教师还带着学生做缩句练习——“月亮出来了，吐洒着清辉。”“江水中，有光斑在跳动。”“江两岸黑色剪影伸展着，起伏着。”

缩句给孩子带来“拨云见月”的爽快，缩句令背诵变得容易。

缩句，也是对思维、理解、概括能力的培养。

去年春天，合肥市庐阳区语文骨干教师培训会上，看云做“把世界带进教室”的讲座。说完朗读、感悟、思想诸能力的培养之后，看云又举课例说明“感性是血肉，理性是骨架，适当的分析是必须的”。那时候，看云的分析，指的是划分层次。互动中，一位数学教师激动地发言：

“作为一个很累的数学教师，拜托各位语文老师，在你们的语文课上不要只教学生怎么把文章写长，怎么把话说得生动感人，也求你们教会他们把握复杂句子的中心意思，也就是带他们做做缩句练习。

“我知道现在语文不考缩句了，但你们不能考什么教什么，不考就不教啊。你们知道吗？很多孩子到了高年级不会做应用题，就是因为他们不懂题意，不会缩句。我在数学课上，不得不带着学生先找中心词、先缩句，然后再审题做题，这让我们耗费了很多时间和心力。而缩句，原本是语文的事情啊。

“薛老师的目标是：经过六年学习，学生不仅拥有文学阅读、文学欣赏的兴趣和能力，口语表达、书面表达的兴趣和能力，而且拥有分析能力、推理能力。

“讲座中薛老师很少说‘语文’俩字儿，薛老师一直说‘母语教学和儿童的母语学习’，一开始不知道这是为什么，这有什么区别。现在我明白了：语文是语文，母语是母语。语文和数学是一条河里的两只船。母语和数学，则是水和船的关系。”

我不知道语文骨干教师培训会上怎么会有数学教师在场，但她的发言给了我很大的鼓励。

五年级以来，缩句做得最多的，是在诵读课上。都是口头练习。“湖边的一行棕树，向暝暗的天空撞着头；羽毛凌乱的乌鸦，静悄悄地栖息在罗望子的枝上，河的东岸正被乌沉沉的暝色所侵袭。”《日有所诵》所选散文，颇多意境优美、结构绵密的长句。有时学生要试探几次才能触到句干——好像咬开汁水甘甜的果肉，舔到结实饱满的果核。感觉很到位、很踏实。

今天，我们诵读《密西西比河风光》。很长，然而极好，是写景的神品。文字清远朴茂，然而绝不缺乏温存细腻。“荒野的世界充满一种亲切而粗犷的和谐”——诵读带我们体验澎湃于夏多布里昂胸间的蓬勃的野性与蜜甜的爱意；诵读带我们想象密西西比河两岸那美到“对于没有亲临其境的人，一切都无从描绘”的旖旎风光。

在第二段，我们做了三次缩句练习。这种游戏也使诵读免于单调。

以上是西岸的情景。东岸的风光不同，同西岸形成令人赞叹的对比。河边，山巅，岩石上，幽谷里，各种颜色，各种芳香的树木杂处一堂，茁壮成长；它们高耸入云，为目力所不及。野葡萄，喇叭花，苦苹果在树下交错，在树上攀缘，一直爬到顶梢。它们从槭树延伸到鹅掌楸，从鹅掌楸延伸到蜀葵，形成无数洞穴，无数拱顶，无数柱廊，那些在树间攀缘的藤蔓常常迷失方向，它们越过小溪，在水面搭起花桥。木兰树在丛莽之中挺拔而起，耸立着它静止不动的锥形圆顶；它树顶开放的硕大的白花，俯瞰着整个丛林；除了在它身边摇着绿扇的棕榈，没有任何树木可以同它媲美。

5 月 21 日 / 星期四 晴

## 徐秀娟和娜乌西卡：《灰椋鸟》

“打开课本，我们学习新课《灰椋鸟》。”

很多手臂举起来，很多学生跃跃欲试。

“谢谢。可是老师今天要亲自朗读，因为作者徐秀娟是老师崇敬的人。质朴、慈悲、刚毅、智慧——她为鸟儿献出了年轻的生命。徐秀娟不是作家，《灰椋鸟》是她用心写成的，所以最动人。”

全文共六段，三、四、五段课后要求背诵。简单讲述徐秀娟的故事之后，学习开始了。我知道，拿到新书的头几天，学生其实都会读《语文》。我相信《灰椋鸟》他们已经看过不止一遍，所以今天照例略去“总体把握”的环节，直接进入分段学习。

早就听说林场的灰椋鸟多。我想，灰椋鸟尖尖的嘴，灰灰的背，远远望去黑乎乎的，有什么好看的呢？可是一个偶然的机会，我看了关于灰椋鸟的电视录像，就再也忍不住了，决定亲自去看一看。

范读，齐读。教师抓住灰椋鸟外形，板书“其貌不扬”；扣住“电视录像”，板书“《人与自然》《动物世界》《自然密码》《探索发现》《世界地理》”——希望他们常看这些节目。

一天下午，我和同伴来到了林场。下了车，轻轻走进林内。棕红色的水杉落叶，给大地铺上了一层华贵的绒地毯，走在上面软绵绵的。我们选好观察位置，便在那儿等候灰椋鸟归来。

范读，齐读。再范读，请他们用心听，问：“哪个词特别打动你们？”

“轻轻。”学生听罢一齐说。当然是“轻轻”——教师读它的时候，格外充满感情。

“还有‘选好观察位置’‘等候’，”学生补充道，“这说明徐秀娟尊重灰椋鸟，生怕打扰和惊动了它们。”

“谁读过《秘密花园》？”

“我。”张悦媛说，“《秘密花园》里的狄肯也是这样，接近动物的时候从来都是轻手轻脚的，连呼吸都屏住了，所以松鼠、小鸟都跟他成了好朋友。”

老师板书“《秘密花园》”，再读第二段。

周围静得出奇。路两边近百亩的竹林郁郁葱葱，与南段高大的人工刺槐林形成了鲜明的对比。| 同伴忽然喊道：“灰椋鸟！”我翘首遥望西南方向，果然有许多黑点向这边移动——灰椋鸟开始归林了。

范读，齐读。分层，读第一层。“这一层让你有什么感觉？”“林子很美，很重要。林子是灰椋鸟的家园，没有林子就没有群鸟归林的壮观景象。”读第二层，由同伴的喊叫想象徐秀娟温柔宁静的个性、屏息恭候的心情。

（A）一开始还是一小群一小群地飞过来，盘旋着，陆续投入刺槐林。（B）没有几分钟，“大部队”便排空而至，老远就听到它们的叫声。|（合）它们大都是整群整群地列队飞行。（A）有的排成数百米长的长队，（B）有的围成一个巨大的椭圆形，（合）一批一批，浩浩荡荡地从我们头顶飞过。|（A）先回来的鸟在林内不停地鸣叫，好像互相倾诉着一天的见闻和收获，又像在呼唤未归的同伴和儿女；（B）后到的鸟与林中的鸟互相应和，边飞边鸣，很快找到自己栖息的处所，与熟悉的伙伴会合。

范读，齐读。分层：（1）小群大群相继而来；（2）或线或圆的队列队形；（3）久别重逢热烈交谈。一层一层分角对读。直教看云听来如临其境了，朗读才告成功。

> 夕阳渐渐西沉，晚霞映红了天空，也映红了刺槐林和竹林。天上的鸟越来越少了，可是整个林子里的灰椋鸟还是不愿过早地安眠。看，这几只刚刚落在枝头上，那几只又马上扑棱棱地飞起。它们的羽毛全变成金红色的了，多么像穿上盛装的少女在翩翩起舞哇！|树林内外，百鸟争鸣，呼朋引伴，叽叽啾啾，似飞瀑落入深涧，如惊涛拍打岸滩，整个刺槐林和竹林成了一个天然的俱乐部。这上万只灰椋鸟是在举行盛大的联欢会，还是在庆祝自己的节日？要不怎么会这样热闹？我被这喧闹而又热烈的场面感染了，竟情不自禁地欢呼起来。

范读，齐读。分层。第一层写所见，主色调为红色。想象：夕阳映照下的天空和林子——形成了天然的华贵的舞台，夕阳映照下的灰色羽毛——“全”变成金红色的了！

“置身这样华贵的舞台，看着如此美丽的自己。灰椋鸟啊灰椋鸟，原本其貌不扬的灰椋鸟，个个都成了盛装的少女、绝色的公主了！如果换成你，处在这样的时刻，处于这样的状态，可能安静吗？！满心满肺都是什么感觉呢？”

“臭美！”李旭冉大声说。接踵而至的，是一片开心的笑。这是由文字传达出来的得意扬扬、忘乎所以，这是徐秀娟与鸟儿共同沉浸的满足与陶醉。

第二层理所当然写所闻。“树林内外，百鸟争鸣，呼朋引伴，叽叽啾啾，似飞瀑落入深涧，如惊涛拍打岸滩”，想象热闹的景象，读出热闹的感觉。不够热闹就重来。第三遍，终于人鸟合一，修成正果。

“这上万只灰椋鸟是在举行盛大的联欢会，还是在庆祝自己的节日？要不怎么会这样热闹？我被这喧闹而又热烈的场面感染了，竟情不自禁地欢呼起来。”

“哟呵！”教室里真的响起情不自禁的欢呼，然后是自发的掌声。为自己和他人鼓掌，是本班习惯。掌声和欢呼声中，下课铃响了。布置课后作业：背诵三、四、五段。

下一节课学习末一段：

在回来的路上，我想：鸟是人类的朋友，树林是鸟的乐园。没有林场工人的辛勤劳动，没有这几年大规模的植树造林，我到哪儿去观赏这鸟儿归林的壮观场面呢？

上网查了作者资料，才知道为了求学、养鹤，年轻的徐秀娟默默经历了难以想象的艰难困苦。久久凝视着徐秀娟野地喂鹤的照片，那质朴灿烂的笑容让人感动莫名，深受震撼。

下节课，将资料编辑印发给孩子读，并且听歌《一个真实的故事》。

想到了宫崎骏的《风之谷》。乘着滑翔翼像鸟儿一样飞行的娜乌西卡，能与丑陋可怖的巨虫心心相通，充满不可思议的亲和力。娜乌西卡肯为虫儿死去，虫儿则报娜乌西卡以荣光中的重生。宫崎骏的英雄是个爱哭的孩子——为别人（虫子）的不幸一再落泪的族长女儿。眼泪所代表的纯洁、温软与博爱，和刚毅、果决、智勇的行动一起，使得娜乌西卡成为最受欢迎的漫画形象之一。

怀着连失两鹤的悲痛，为了寻找忘归的天鹅，徐秀娟独自走向茫茫沼泽，就像母亲寻找丢失的孩子。一如为了求学义无反顾地卖血，为了养鹤义无反顾地只身来到 5 000 里之外的盐城自然保护区。两天两夜之后，人们在复堆河里发现了徐秀娟。她的身体蜷缩着，仿佛还在为丢失的天鹅而内疚，为丹丹、龙龙的死而自责。没有风之谷谷民的衷心拥戴，没有金色草原里的神奇复活。比较俊美迷人的动漫英雄，现实中的护鹤天使更艰难、更孤独，也更了不起。

5 月 27 日 / 星期三 晴

## 熟粽叶的色香：《端午节的故事》

12 个即将登台的演员穿红着绿地在座位上激动；隔壁兴奋的孩子不断地在走廊上呼啸而来，呼啸而去。这是下午第二节课，课后要进行六一节目彩排。

有办法让他们专注起来吗？

“明天端午，我们来看图画书。”

轻轻一语，他们全部听见了。一个个抬起脖颈，亮起眼睛。看来，人脑真的有一种特殊机制，能从身边海量的信息中滤出和自己有关或特别喜欢的波段。“耶！”

对我来说，这套图书的特殊好处在于够大够美，特别适于班级共读。每本的风格都不同，如同映照在新鲜眼眸里的每一个日轮、每一弯新月——都不同。即便是在教室之外，这种大画面的好处也是显而易见的：想象一下，很小很小的孩子，独自或者在父母的抱拥下打开，走进壮美阔大的历史画卷，走进琳琅多彩的民族宝藏——那时，孩子就更是孩子了！何止如此，看云对面的李老师，常常在闲暇时翻开《清明节的故事》《年糕的故事》或者《愚公移山》《鹬蚌相争》，一边看一边咂嘴：“好养眼，好享福！”那时，面对壮美阔大的历史画卷，面对琳琅多彩的民族宝藏——老师也成孩子了！

最后一排的李旭冉抢到了朗读任务。欢天喜地地跑到前面，四顾，蹲下——生怕挡住同学的视线。就这样，蹲着的他隔着讲台，仰面念道：“《幼学启蒙丛书》，第一辑，《中国民俗故事·端午节的故事》！”笑声，掌声。一片快乐，一片感动。

“这是谁？”

“屈原！”

“大家看环衬，这里有一盏灯。这是陪伴屈原度过无数不眠之夜的灯，这是看着屈原写下《离骚》《涉江》的灯。注意底色，跟封面像极了，这也是整本书的主调——”

“黄色。”“黄中带着微绿。”

“是啊，是黄色。但这里的黄跟《纪昌学射箭》的绵密华贵的绢黄、《共工触山》的厚重古老的土黄都不同。这种黄让你们想到什么？”

一片哑然。

“今晚或者明天，吃粽子的时候你们留心就知道了！这是煮熟了的粽叶的颜色！而且是嫩叶！真难为画家了——怎么调得出，怎么想得到的呢？”

也许，读到这里的朋友会嗤笑或者赞扬看云：哪儿跟哪儿啊！亏你想得出！原因很简单：上课之前，看云刚刚剥开一枚吃过。煮熟了的嫩叶，还有清香在我的唇齿间流连呢！

书名页：苍天，飞鸟，狂浪。“这代表什么？”“汨罗江！”五年级了，谁不知道端午和屈原、汨罗江的关系呢？可是，一本好书，依然能够将新鲜的欲望连同熟知的亲切——由眼而心，注入孩子的内部。

朗读的中间，教师随手板书“怀王”“顷襄王”“战国七雄”“白起”……并不指望学生彻底懂得，牢固记住。无心插柳而已，随意播种而已。

然后集体诵读“古书上的诗句”：

帝高阳之苗裔兮，朕皇考曰伯庸。

摄提贞于孟陬兮，惟庚寅吾以降。

…………

因为已经诵读过的“朝发轫于苍梧兮”和“余幼好此奇服兮”，所以“兮来兮去”给他们带来的感觉是亲切朦胧而非艰涩难懂。粗说大意，并不指望学生彻底懂得，牢固记住。无心插柳而已，随意播种而已。

蕴在无心随意内部的，是教师坚定执着的心愿：一本接一本，希望这种毫无压力的齐读共赏，能使孩子于不知不觉间受到熏陶濡染，从而成为有根的人。

2004 年 5 月，去河南濮阳实验小学讲座，车过大桥，猛然看见一条河道，苍凉、枯瘠，甚至丑陋寒碜——令人触目惊心。岸边没有一抹葱绿，河心没有一线水流。像一道难看的窘迫的疮疤，又像是落到尘埃的濒死的大龙。“薛老师，你看，这就是黄河。我们的母亲河。”李校长说。我的眼泪夺眶而出。

“这是我第一次看见黄河。那一瞬的感觉，真正猝不及防而又刻骨铭心！那是一个游子在浮华的街市、光鲜的人群中，突然看见自己贫苦、衰老、卑微、难看的农村老母的感觉！没有拥抱，没有呼唤，我只无力地站在原地——像是被雷电击中，又像是第一次看见，第一次认识自己的母亲。挚爱、震惊、疼痛、悲酸，还有令人羞愧的感情！种种情绪一齐撞到心头。这跟初见长江的感觉完全不同。这是我在事先万万没有料到的。

“我不知道这是为什么。也许，我的前生就是在黄河边长大的？也许，在中国人身上奔流、哭泣了几千年的黄河——真的早在出生之前就已蛰伏在我的血管，只等着这一刻的惊醒与认取？”

四年后，2008 年 12 月，郑州师专附小讲学结束，饯别的席间，看云第一次说出了这种感觉。一番话毕，师校长哽咽不能语。校信通总经理张赞民慨然举杯：“薛老师，我们是一头儿的！我们都是同一个母亲的不孝之子！让我们携手、奋斗，为了黄河的清澈、甘甜，为了母亲的荣光、美丽！”

在自己的教室，在四处的讲座中，几年来，讲过多少图画书了——怕我自己都记不清。都是外国的。因为它们确实好，好到舍不得不给孩子们读。可我知道，躁动呼号在内心深处的，有一种饥渴。那就是有朝一日，能够带着孩子读我们自己的优质图画书。

2009 年 3 月，初见《幼学启蒙丛书》，让我忆起五年前撞上黄河的震撼。所不同的是，这一次强烈地冲击着我的，是惊艳以及惊艳之余的——无比的温暖与亲切。再一次，我强烈地意识到，自己其实深爱这片古老的土地：这里有夸父追日的足迹，这里有大禹锁蛟的旧址；屈原曾在这里行吟，孟母曾在这里教子；这里的人们世世代代诵读着唐诗宋词元曲，这里的人们年年岁岁忙碌着清明端午除夕……如此丰富绚烂的内容，如今全都囊括在一套《幼学启蒙丛书》里了。需要它的，岂止是幼儿？

周虽旧邦，其命维新。对这片土地的认取和热爱其实就是对自己的认取和热爱。花朵的绚烂，全赖对根的汲取和皈依。

# 6月 June

# 知新而温故

6月4日 / 星期四 晴

## 知新而温故

### 读《离骚》，品《三国》

胡婧怡

帝高阳之苗裔兮，朕皇考曰伯庸。

摄提贞于孟陬兮，惟庚寅吾以降。

皇览揆余初度兮，肇锡余以嘉名。

名余曰正则兮，字余曰灵均。

纷吾既有此内美兮，又重之以修能。

扈江离与辟芷兮，纫秋兰以为佩。

汩余若将不及兮，恐年岁之不吾与。

朝搴阰之木兰兮，夕揽洲之宿莽。

日月忽其不淹兮，春与秋其代序。

这是《离骚》开篇中的一段，在逐字逐句地理解了内容以后，现在我背诵下来已不成问题，甚至可以尝试着把它默写下来。也许你会奇怪，我们才五年级，还没有学到古文，怎么会背这首诗呢？

哈哈，这可是薛老师的功劳呀！四年级时我们只是一段一段地学习古文，而现在，我们已经是整篇整篇地学习了。《全阅读》上有很多篇这样好的古文，全部都是《三国演义》的故事，一共十二篇，我们已经学了其中四篇：《青梅煮酒论英雄》《刘备摔阿斗》《草船借箭》《空城计》。其中，令我印象最深，也学得最好的是《草船借箭》。

昨天，温习完了“3+2”（《唐绝句·飞鸟集》），我们就打开了《全阅读》，看来今天我们又要学习新的古文了。“翻到第152页。”薛老师拿起手中的《全阅读》，哇，这次要学《草船借箭》，诸葛亮可真聪明！

老师读一段，我们读一段，我读过白话文的《草船借箭》，这可是非常有名的一篇，古文不仅写得精彩，而且简练。我们读得又好又快。第一遍读完了，我发现我最喜欢第四段，那是描写最细致的一段，可总觉得还是缺了点气势，所以老师朗读时在所有的“擂鼓呐喊”的后面都加了一个“杀曹贼”。读了一遍，全班同学一起最大声音叫出了“杀曹贼”。当时感觉只有两个字：震撼！

现在，我们不仅仅局限于古文，我们也开始学习古诗文。日记开头的《离骚》选句就是我们刚学的。曾经在《日有所诵》上学过两段屈原诗，所以不是太难。

妈妈说，按照这样的速度，六年级我们会学完整篇《离骚》，太有可能了！

## 分析《刘备摔阿斗》

鲍秉轩

这几天，老师经常带我们读《全阅读》里摘录的一些《三国演义》的故事，我很喜欢这篇《刘备摔阿斗》。有句歇后语叫：刘备摔阿斗——笼络人心。今天我就来“分析”这篇《刘备摔阿斗》。

老师一开始就说赵云是中国的战神，我不相信。可是看了这篇文章后我就相信了。在这一场战斗中，有的地方赵云不知怎么会脱身的，书上说赵云是托他怀内的阿斗的福才得以脱身的。我们都笑了。当然，这有可能是真的，也有可能是假的。

> 曹操在景山顶上，望见一将，所到之处，威不可当，急问左右是谁。曹洪飞马下山大叫曰：“军中战将可留姓名？”云应声曰：“吾乃常山赵子龙也！”曹洪回报曹操。操曰：“真虎将也！吾当生致之。”遂令飞马传报各处：“如赵云到，不许放冷箭，只要捉活的。”因此赵云得脱此难，此亦阿斗之福所致也。

这段话真带劲，我们读得也很带劲。其中有一首诗我很喜欢：血染征袍透甲红，当阳谁敢与争锋！古来冲阵扶危主，只有常山赵子龙。我觉得最后一句写得大快人心。

这篇《刘备摔阿斗》很好看，我推荐大家看《全阅读》里摘录的一些《三国演义》选段。

以图画书《端午节的故事》为由头，教师带领学生做了三件事：诵读《离骚》选段；朗读《全阅读》之《屈原投江》，讨论屈须、朋友的劝告，从而理解屈原“不管怎样，总是爱着楚国”的赤心；带着这份崇敬和理解，诵读《全阅读》之《我爱这土地》《七子之歌》《民歌》——懂得屈原与艾青、闻一多、余光中之间的一脉相承的关系，从而对“第一个爱国诗人”有了具体而诗性的认识。此之谓主题大单元。

过去的一周，我们还朗读了《刘备摔阿斗》、《幼学启蒙丛书》之《黄盖诈降》。绘于白绢的精美又大气的工笔画，让教师想起儿时百看不厌的《三打白骨精》。周、黄二人站在峰顶远观敌阵，脚下云雾缭绕，对面烟波浩渺，周瑜身披红战袍，头戴长雉翎的样子，怎么看怎么像孙悟空！

现在的孩子，极少有福看到完整的国画故事书了——何况是彩色！教师发现，因为图画书的原因，学生朗读、诵读的热情格外高涨。

刘月辰写道：“老师让我们读过的三国故事中，我最喜欢《草船借箭》，不像《刘备摔阿斗》那么有杀气，不像《青梅煮酒论英雄》那么无聊，只是谈话。这篇很刺激，读‘杀曹贼’时特别爽，让我们身临其境，好像自己跟着孔明去曹营借箭一样，准确说是‘骗箭’。十万多支箭呀！这个数字让人听着就发颤。”

在这漫长的复习的日子里，如果没有图画书和《全阅读》，如果我们终日只是课文加习题地复习又复习，到如今，学生一定越来越傻，越学越躁，记得的忘记，会做的瞎做。

面对单调到令人作呕的食物，身体的反应是厌食和生病；面对无聊到令人发疯的复习，大脑的反应自然是“故意遗忘”和“故意出错”。

所以苏霍姆林斯基说：当我们很有必要使事物、现象和概念在教师的语言里找到鲜明的、能够为儿童所理解的语言外壳的时候，我们却在无数次的复习上浪费了多少时间啊！

所以看云说：就母语学习而言，“知新而温故”和“温故而知新”一样重要。

6月10日 / 星期三 晴

## 一篇带三篇：《水》

### 一、母亲的笑

（期待，可怜巴巴地）我们四兄弟，像四根将要被晒干的狗尾巴草一样，从小到大，排在了母亲的跟前。（温存而轻柔地）母亲轻轻一笑，从腰带上取下钥匙，打开了水窖。（吸气，似有爽意自下而上进入鼻息）一缕水的气息扑面而来，我们都倒抽了一口凉气。（爽意灌顶而下，随轻风注入全身）然后，母亲一手从水窖中打起一勺水，从我们的头顶缓缓地倾注下来，一手拿着一把麦秆扇往我们身上扇风。（兴奋，感激）顿时，藏于地下的水的清凉，再加上缕缕轻风，让我们都舒服得“啊啊”（放声，舒服到了极点）大叫了起来。

（语气转而温软）从头顶倾注而下的水滑过了我们的脸，像一条小溪流，顺着脖子缓缓地滑过了我们的胸和背，然后又滑过了我们的大腿和膝盖……（轻微的沉醉与兴奋）

在水的滑动中，我听得到每个毛孔张开嘴巴的吸吮声，我感觉得到血管里血的流动在加快。（陈述，无限珍惜地）水，它不多不少，在抚摸过全身的每一寸皮肤后，刚好能够润湿脚板，地上几乎没有一滴被浪费掉的水。

母亲锁上水窖，（心疼又无奈地）笑着对我们说：“你们真的饿坏了。”（水的珍贵一生难忘，母爱的慈柔一生难忘）这是我至今为止唯一听到的将“渴”说成是“饿”的话。

这是马朝虎《水》的后三段，真挚、内敛而又起伏有致。一旦理出文脉（也即情脉），朗读自然富有感情。背诵也容易——课后没有要求学生背诵。

《水》入选教材，意在进行环保教育。然而文章给人留下深刻印象的，除了水的奇缺珍贵，还有母爱的无边慈柔——所谓少年不知愁滋味啊，在干旱的地方，是母爱的荫盖与浇灌，让儿子们忘记了缺水的痛苦。两处写到的母亲的笑，让人既温暖又心酸。

## 二、东邻的诗

学完《水》后，用一堂课的时间——诵读《向着明亮那方》，朗读《父母心》和《其实有钱人可能很穷》。

（师）向着明亮那方

向着明亮那方。

（生）哪怕只有分寸的宽敞

也要向着阳光照射的方向。

住在都会的孩子们啊。

《向着明亮那方》之所以震撼人心，是因为诗中矢志不渝，不管怎样都要向着明亮那方的都是小生命。灌木丛中的小草啊，夜里的飞虫啊——极易让孩子想到自己：一方面怜爱自己的弱小，一方面自豪于蕴藏在自己内部的巨大力量——生长的力量，追求光明的力量！所以，读到“住在都会的孩子们啊”，他们个个都目光闪烁了。

然后，照很多同行做的那样，让学生“把自己送进去”，再诵：

（师）向着明亮那方

向着明亮那方。

（生）哪怕只有分寸的宽敞

也要向着阳光照射的方向。

五（2）班的孩子们啊。

教师朗读《父母心》，到后来，大家都哽咽了。学生再读，不讨论。

“《其实有钱人可能很穷》，有谁在家读过？”教师问。举手的有六七个。

“谁能说出其中的一句？”

晏楚芸站起来：“我们家里虽然有游泳池，可是那些人有长得看不见尽头的河流。”当即奖励图画书《铁杵磨成针》——回家看一天。

齐读。讨论。“儿子说了很多理由，证明有钱人其实很穷，你最同意哪一条？”

学生踊跃发言——其实是深有感触地朗读：“我们有仆人的服侍，而那些人是在服务别人。”“我们家的四周有保护我们的墙壁，但是那些人有保护他们的朋友。”“我们家的院子在晚上有明亮的电灯，可是那些人在晚上有满天的星星。”

6月16日 / 星期二 晴

## 我的白日梦

### 一

人人都有自己的白日梦，当然，我也不例外。我的白日梦就是——去打NBA！

生猛的扣篮，精湛的球技，在NBA的每一场比赛里都是随时看得见的。

当然，每个人都有自己理想的球队，我最爱的球队是奥兰多魔术队。奥兰多那里有迪斯尼乐园。我也希望我的球友金佳岷、邢虎威和李智炫等人都能进入自己理想的球队。到那时，我们在球场上互相交锋，提高自己的球技。

我希望自己能够打首发。这样上场的时间会更长，会得更多的分。如果我去NBA，肯定会被许多球星封盖。可这样也有好处，可以吸取经验，从而提高自己。下次被盖的就不是我，而是别人了。

到了NBA，我能和外国球员相处和交流（学好英文还是很重要的），和他们并肩作战。

当然，如果没有出色的身体、弹跳和身高，根本无法在NBA立足，也谈不上扣篮。我想起了能够亲吻篮筐的德怀特·霍华德，1.75米的身高就能出色扣篮的内特·罗宾逊……

这是白日梦吗？不是！这是我的梦想，我要从现在开始苦练球技，为了打NBA而努力！（王方波）

## 二

每个人都有自己的白日梦，而我的白日梦就是当一名农村的语文老师。

每次看到那些农村孩子，我的心就一阵阵酸疼。他们渴望读书，而他们的老师却无能为力。因为老师也没有书看。这些孩子的梦想都是相同的，就是能够看到许多课外书。

我常常幻想：我已经是二十几岁的优秀教师，我来到了偏远的农村小学，担任三年级的语文老师。每天带着一大群孩子，来到绿油油的草地上，给他们读很多课外书。

我还会在教室的一角，放置一张桌子，上面放满了我带来的优秀读物，孩子们都会爱惜这些书。不论下课还是放学，他们都会来这里看一会儿书。

因为看书，他们变得聪明。每次测验，他们总会想起书里的故事：看到关于“三国”的题目，他们会想起《三国演义》；看到关于历史的题目，他们会想起《上下五千年》……

我之所以想到当农村的语文老师，是因为我看到《第一时间》播放的“映山红活动”。当语文老师原本就是我的梦想，现在看到这些孩子渴望读书的眼神，我更想当语文老师了。

虽然我现在才上小学，但长大以后，我一定让这个白日梦变成现实。（李欣会）

## 三

我的白日梦可能和别人的不一样，这就是一个白日梦，一件永远不可能发生的事儿。我的白日梦就是可以在任何时间、任何地方穿越。我可以在无聊的时候穿越到过去，穿越到未来，再回到现在。我要看一看三国时期孔明和曹操是怎么带人打仗的，再看看未来的我是什么样子的，在哪儿上高中、大学。

我要先到古代，也就是三国时期。我要在空城计里比孔明先“想到”那个方法，然后比那么聪明的孔明先生先说出来。我还要到草船借箭的那个时候，再一次地比诸葛亮先说出办法，并在其中一条船上帮着孔明他们一起喊一声“杀曹贼”，然后再喊“谢丞相箭”。走的时候，我还要向三国里的每一位英雄要张签名，好让班里的同学都信我真的穿越到了三国时期。不过从那时候回到现在的话，我估计《三国演义》里一定有很多故事都有我了，因为我“想”出了空城计和草船借箭，到时候我一定要好好看看《三国演义》里的我到底被写成了什么样子，当然，我也要把三国英雄给我的亲笔签名给珍藏起来。

不过，白日梦最终还是白日梦，我的这个白日梦是永远不会成真的！（张悦媛）

6月22日 / 星期一 晴

## 静悄悄的探险：《黎明》

明天统考。如临大敌。62中与梦园学校交换监考教师。每个考场同坐的是不同年级的学生。

“今天星期一，这是五年级最后一节读书课。老师给大家带来的，是一本奇特的图画书——《黎明》。图、文，美国的乌利·舒利瓦茨；翻译，彭懿。彭老师的导读真好！老师对桌的李老师说：‘这是一本适宜独自一人或者父母带着孩子——静心品读的书。因为有了彭懿的逐页导读，我们才觉得格外有意思。但我以为《黎明》并不适合在班上读。小孩子不会感兴趣的，小孩子只喜欢故事！这本书太唯美，太空灵。几乎没有情节，只有光和影的变化。它需要细细地看，静静地品。它对读者心性的要求太高。’你们知道吗？恰是这番话，激发了老师今天非《黎明》不读的决心。书，还没有打开。此时此刻，我不知道读的结果怎样；此时此刻，我不知道我们能否获得那份纯净且丰富的快乐与美感。对老师来说，这堂课，是一次实验，也是一次冒险。”

空气仿佛着了火。干热的教室变得安静，只有风扇呼呼地转。孩子们的好奇心和好胜心被大大激发了。

环衬，长长六条色带。“你们读出了什么？”

“这个环衬，应当从下往上看。表明太阳慢慢上升，光线一点点变亮。翠绿的颜色从灰暗中显示出来。”

“真好！这说明你们有读图能力了！”

第一遍只是看图，不读文字。教师缓慢地翻页，偶尔赞叹一两句。椭圆的画面，时大时小，时长时圆。如移动镜头，如凝视的眸子。静谧无声的凝视中，湖光山色一点点苏醒，一点点清晰。学生屏息静气，似乎听见了山水睡眠中的呼吸，似乎分享着山水醒来的欣悦。其专注的程度，竟然超过了看图听故事。一个接一个，风扇停止了转动。是他们关掉的。

缓缓地翻，静静地看。静谧、清凉且柔和地渗进——充盈了干热的教室。

第 20 个画面，彭懿如是说：

这其实是上面一个画面连贯下来的画面。

小船划得更远了。

水面的颜色已经不再是单一的色调了，不但出现了蓝色、浅蓝色，甚至还出现了一片淡淡的浅绿色。

这种颜色的微妙变化，是一个伏笔。

小船向右上角划去，它看上去愈来愈小，快要划出画面之外了。于是，它把我们带到了下面一个辉煌的跨页。

翻。“喔——啊！”满页翠绿激起的满心惊喜，随着一阵赞叹，涌出画面，溢满教室。

翻。最后一幅，第22页，构图复归椭圆。仿佛眸子不舍的回望，仿佛心情渐趋平静。满足的掌声响起来。我知道：我们成功了！

再读。看画面，读文字。

“几乎没有情节，只有光和影的变化。它需要细细地看，静静地品。它对读者心性的要求太高。”李老师的话不错。然而看云以为：恰是因为如此，所以格外需要班级共读。教师，就是要做学生无力独自完成——家长无力帮助孩子完成的事情。

正是因为品读《黎明》需要细腻沉静的心性，所以偏要借着《黎明》深蕴的魅力和班级强劲的场力，培养学生细腻沉静的心性。

# 7月 July

# 迟发的信

7月3日 / 星期五 晴

## 迟发的信：关于《幼学启蒙丛书》

各位家长：

暑假到了，漫长而悠闲的夏夜里，最该做的，莫过于和孩子一起读书。让我们和孩子一起——乘着画页的翅膀，登上民族精神的寻根之旅；沿着故事的幽径，进入从盘古到海瑞的郁郁林莽。

不要说《夸父追日》孩子早就烂熟于心，不要说《铁杵磨成针》老得掉了牙——要知道：图画书的价值首先在于图画。所以，请照着松居直先生教给的方法，老老实实读给孩子听，让童心整个儿浸润在图画中。试着读读“导读手册”里的读图提示。并且试着想想：《端午节的故事》的环衬意味着什么？为什么女娲的样子有些“丑”？

“古书上的故事”“古书上的诗句”很重要，如果孩子是低年级，请爸爸妈妈读给孩子听，不管孩子懂不懂。要是孩子高兴呢，不妨一句一句教孩子念，玩一回私塾的游戏；如果孩子是中高年级，最好和孩子一起读读这些有趣的古诗文。还有，对于四、五、六年级的孩子来说，章亚昕教授的“篇后语”是不能错过的。也请家长读给孩子听——在这毫无负担、津津有味的倾听中，孩子将比同学早一步拥有新鲜、个性的文本解读能力。这一能力，无疑会使孩子在将来的学习中如虎添翼。

人类生命之树郁郁葱葱，我们每个人都是这树上的一花一叶。只是，在兀自上升开放的一路上，我们几乎忘记了地下的根。民族文化之林浩浩莽莽，我们每个人都是从这林中放飞的小鸟。只是，我们一意高飞远翔的心，几乎忘记了自己的来处。彻底地忘本——就是彻底地失去自己。

这套出齐共 80 本的《幼学启蒙丛书》，是一条铺花的幽径，引我们回到来处，忆起故园。这套出齐共 80 本的《幼学启蒙丛书》，是一座艺术的林苑，每一个稍有审美能力的人，都不能不为其瑰丽所打动。试看大红色调的《海瑞惩霸》，随浓墨喷涌泼洒的，正是一股义薄云天的浩然正气；再看《飞来奇峰》的“超现实”风格，和神奇的西湖美景多么相应相契！还有，《巧治妒妇》里的人物神情多么可爱——既然孩子可以在格林兄弟和安徒生那里一次又一次地读到“从此，王子和公主一起过着幸福的生活”，孩子当然也可以知道：限制自由的强行控制绝非拴住所爱的好方法。不要忘记：孩子，是将来的恋人、妻子和丈夫。教育不是为了分数，而是帮助人们度过幸福的一生。

到目前为止，这套《幼学启蒙丛书》已经出版了四辑32本。几乎每本都让教师爱不释手。这学期，本班已经共读了六本。然而教学时间何其有限，在教室里读完全部是不可能的，也是不应该的。教师朗读的目的，乃是引导孩子自己读——引诱父母和孩子一起读。

六一儿童节前，很多朋友问：想给幼儿园娃娃和小学生送礼，什么书最合适？无一例外地，教师推荐了《幼学启蒙丛书》；放假前，有中学生父母问：孩子渴需轻松养眼且值得深长回味的书，什么书最好？无一例外地，教师推荐了《幼学启蒙丛书》。

既然我们都同意《猜猜我有多爱你》《活了100万次的猫》《失落的一角》是常读常新，可以从1岁读到99岁的——那么——如果看到，你必同意：这套《幼学启蒙丛书》，这幅民族文化的长卷也是常读常新，可以从 1 岁读到 99 岁的。

不要说《朝三暮四》《自相矛盾》等“成语故事图画书”孩子已经看过很多。图画书的价值，首先在于图画。且让碑林般的《田忌赛马》激发你深邃的历史感，且让金石镂刻般的《龙生九子》，让你迷失于龙文化的绚烂多彩。

2008 年 12 月，无锡讲学，彭懿先生说：“同一年级两个班的孩子来到我的面前，一个班是常看优质图画书的，一个班则从没看过。我连交谈都不必——只要看看他们的眼神，只要留意他们的举止和腔调，就能区分了。”闻此语，教师不禁会心一笑！是的，太容易区分了！这一点，每一个常带孩子看图画书的教师都清楚，都知道。

一、二年级：第一辑《中国古代神话故事》《中国民俗故事》。

三、四年级：第二辑《中国成语故事》《中国寓言故事》。

五年级：第三辑《中国古代传说》《中国名胜传说》。

六年级：第四辑《中国古代笑话》《中国智谋故事》。

玫瑰（窦桂梅）想让清华附小的教师、孩子和家长都读这套书——从图画书的角度，都来受受启蒙、补补课。“总不能让家长 32 本都买吧？”——教师大致划出的这个阅读分层是多么牵强啊。然而教师还是感动于窦校长的“说干就干”，然而教师还是希望家长能够几家一伙地几家一伙地，把 32 本都买齐了——痛快过瘾地和孩子一起读。

图画书的价值究竟有多大？全看你投入多少情感、多少心思了。亲子共读，无疑是让图画书的价值得以实现、得以倍增的最好方式。

62 中 7 月 1 日就放假了。这是一封迟发的信——因窦校长的激发。希望看到的家长互相转告。

祝孩子们暑假充实愉快！

五（2）班语文教师

7 月 3 日下午

# 附录

*Appendix*

# 索 / 引

教师阅读



语文教学

# 班／级／书／单

## 中国作品

### 系列图书

**系列连环画《中国历史人物》（全 28 册）：**

《鲁班》
《林则徐》
《詹天佑》
……

**《西汉演义》连环画（全 17 册）：**

《指鹿为马》
《博浪锥》
《鸿门宴》
……

**“写给孩子的山海经”系列（全 3 册）：**
竹马书坊／著

《异兽篇》
《人神篇》
《鱼鸟篇》

### 单本图书

**《城南旧事》**
林海音／著

**《直到宇宙尽头》**
王天宁 / 著

**《沙粒星球》**
亚东 / 著

**《美丽的古文》**
彭学军 / 著

**《狼图腾》**
姜戎 / 著

**《时节之美：朱爱朝给孩子讲二十四节气》**
朱爱朝 / 著

## 国外作品

单本图书

**《汤姆的午夜花园》**
[英] 菲莉帕·皮尔斯 / 著，马爱农 / 译

**《五毛钱的愿望》**
[美] 比尔·布里坦 / 著

**《不老泉》**
[美] 娜塔莉·巴比特 / 著，肖慧 / 译

**《风之王》**

[美]玛格莉特·亨利/著

**《E.T. 外星人》**

[美]威廉·科茨温克尔/著

**《柳林风声》**

[英]肯尼斯·格雷厄姆/著，杨静远/译

**《小狗钱钱》**

[德]博多·舍费尔/著，王钟欣、余茜/译

**《哈利·波特与魔法石》**

[英]J.K. 罗琳/著

**《五个孩子和一个怪物》**

[英]内斯比特/著，任溶溶/译

**《科瓦奇讲古罗马》**

[英]查尔斯·科瓦奇/著，李黎、乐泉/译